Hans-Gert Gräbe (Hrsg.)

Technik und Gesellschaft.
Rudolf Rochhausen zum Gedenken

ROHRBACHER MANUSKRIPTE. Heft 19

LIFIS – Leibniz-Institut für Interdisziplinäre Studien
https://leibniz-institut.de

Technik und Gesellschaft

Rudolf Rochhausen zum Gedenken

Hans-Gert Gräbe (Hrsg.)

LIFIS – Leibniz-Institut
für Interdisziplinäre Studien, Berlin 2020

ROHRBACHER MANUSKRIPTE

herausgegeben von Hans-Gert Gräbe

Heft 19

Bibliografische Information der Deutschen Nationalbibliothek: Die
Deutsche Nationalbibliothek verzeichnet diese Publikation in der
deutschen Nationalbibliografie; detaillierte bibliografische Daten
sind im Internet über http://dnb.dnb.de

Redaktion dieses Heftes: Hans-Gert Gräbe, Leipzig
Herstellung und Verlag: BoD – Books on Demand, Norderstedt
ISBN 978-3-7504-9966-9

Prof. Dr. phil. habil. Rudolf Rochhausen

geboren am 18. Dezember 1919 in Crimmitschau

verstorben am 14. Januar 2012 in Schwerin

Vorwort

Mit diesem Heft möchten wir an Rudolf Rochhausen erinnern, Spiritus Rector und langjähriger Beförderer eines Dialogs zu den Fragen unserer Zeit zwischen Geisteswissenschaftlern sowie Natur- und Technikwissenschaftlern. Ein solcher Ort des Dialogs ist auch der *universitas litterarum* heutiger Prägung nicht in die Wiege gelegt. Zu DDR-Zeiten standen ihm weitere Hindernisse im Weg – der Generalverdacht „mangelnder ideologischer Reife" einer Parteiführung gegenüber Natur- und Technikwissenschaftlern und im Gegenzug der Generalverdacht der „ideologischen Indoktrination" letzterer gegenüber den Geisteswissenschaften.

Offensichtlich war es gerade die durch Rudolf Rochhausen geprägte Art der Marxistischen Abendschule Leipziger Hochschuleinrichtungen in Rohrbach (Thüringen), deren Leiter er seit 1975 war, dass bereits zu DDR-Zeiten ein zartes Pflänzchen solchen Dialogs wachsen konnte. Denn anders ist es nicht zu erklären, dass auf dem Trümmerberg des ideologischen DDR-Erbes bereits Ende 1992 wieder Wissenschaftler zusammenfanden, um den *Rohrbacher Kreis* zu gründen. Heft 1 der neuen[1] Reihe *Rohrbacher Manuskripte* trägt den Titel „Globale Probleme im Meinungsstreit" und greift die Debatte um die „Grenzen des Wachstums" der 70er Jahre auf, deren Thematik mit der Wende auch weltweit ganz gründlich unter die Räder gekommen ist[2]. Dieses Thema prägte die weitere Arbeit des Rohrbacher Kreises.

---

[1] Die in diesem Heft zusammengetragene Bibliografie weist bereits *Rohrbacher Manuskripte* in den Jahren 1987 und 1988 aus.

[2] Siehe dazu etwa Hubert Laitko: Der Wandel des wissenschaftlichen Denkens und die Entwicklung der Menschheit. Tendenzen der letzten 400 Jahre. In: MINT – Zukunft schaffen. Innovation und Arbeit in der modernen Gesellschaft. Leipziger Beiträge zur Informatik, Band 32. Leipzig 2012. S. 9–23.

Es mag auch mehr als Zufall sein, dass in den Bemühungen, nach
der Wende Orte linker Diskurskultur in Leipzig zu erhalten und
neu aufzubauen, Rudolf Rochhausen einen eigenen Weg ging, und
der Rohrbacher Kreis in den Gründungs- und Sammlungsbewegun-
gen der Rosa-Luxemburg-Stiftungen, in denen Leipzig und Namen
wie Walter Markow, Manfred Kossok, Helmut Seidel und der um-
triebige Manfred Neuhaus eine tragende Rolle spielten, lange seine
Eigenständigkeit bewahrte.

Es waren zunächst vor allem punktuelle Kontakte zur Bundes-Stif-
tung und deren Themenkreis „Nachhaltigkeit", über die der Rohrbacher Kreis in die institutionelle Förderung linker Bildungsarbeit ein-
gebunden wurde, später auch als Arbeitskreis der Rosa-Luxemburg-
Stiftung Sachsen.

Die für 2011 angesetzte grundlegende Reorganisation des Rohrbacher Kreises unter Beibehaltung seines Charakters als Ort des Interdisziplinären Dialogs zu drängenden Fragen unserer Zeit, ausführlich
dargestellt in einer Projektskizze[3] *MINT – Zukunft schaffen. Zur
Rolle der Technik in der modernen Gesellschaft*, fand keine Reso-
nanz im RL-Stiftungsverbund, der die Unterstützung der Arbeit des
Rohrbacher Kreises Anfang 2012 einstellte.

Mit der Dahlener Tagung 2012 zeichnen sich allerdings bereits neue
Wege ab, diesen kritischen Interdisziplinären Dialog in politikferne-
ren, parteipolitisch unabhängigeren Strukturen und damit die Tradition des Rohrbacher Kreises im Sinne des Erbes von Rudolf Rochhausen weiterzuführen.

Hans-Gert Gräbe

---

[3] http://rohrbacher-kreis.de/proposal-11.pdf

Inhaltsverzeichnis

Rudolf Rochhausen
Leben und Werk

Kurzbiografie

Autodidakt, Neulehrer an der Grundschule ab 1946, Lehrer an der Oberschule mit Abitur 1949–1951 (Mathematik, Naturwissenschaften). Nach einer Tätigkeit als Nachwuchsdozent am Institut für Lehrerbildung Leipzig 1951–1953 Lektor am Pädagogischen Institut 1953–1955 und Assistent am Institut für Philosophie der Universität Leipzig. Nach seiner Promotion 1959 zum Ganzheitsproblem in den Biowissenschaften Oberassistent und Leiter einer Forschungsgruppe „Philosophische Probleme in den Naturwissenschaften" bis 1985. Rochhausen habilitierte 1964 zu Kausalität und moderner Genetik, war ab 1965 Dozent für philosophische Probleme der Naturwissenschaften und ab 1968 ordentlicher Professor mit den Schwerpunkten Wissenschaftsphilosophie und Erkenntnistheorie. Emeritiert 1985.

Quelle: Rohrbacher Manuskripte Heft 4 (1999)

Ausführliche Biografie

Akademische Karriere

1959 Promotion zum Dr. phil. im Fach Philosophie an der Karl-Marx-Universität Leipzig, Titel der Arbeit: Ganzheit und Zweckmäßigkeit lebender Systeme im Lichte des dialektischen Materialismus. Eine Auseinandersetzung mit der modernen bürgerlichen biologistischen Philosophie.

1964 Promotion B im Fach Philosphie zum Dr. phil. habil. an der Karl-Marx-Universität Leipzig, Titel der Arbeit: Moderne Biologie und philosophische Kausalitätsauffassung.

1965–1966 Dozent für Philosophische Fragen der Naturwissenschaften am Institut für Marxismus-Leninismus der Karl-Marx-Universität Leipzig

1966–1968 Dozent für Dialektischen und Historischen Materialismus in der Abteilung Marxismus-Leninismus an der Mathematisch-Naturwissenschaftlichen Fakultät der Universität Leipzig

1968–1969 Prof. mit Lehrauftrag für Dialektischen und Historischen Materialismus an der Karl-Marx-Universität Leipzig

1969–1974 o. Prof. für Dialektischen und Historischen Materialismus an der Sektion Marxismus-Leninismus der Karl-Marx-Universität Leipzig

1974–1985 o. Prof. für Dialektischen und Historischen Materialismus am Bereich Medizin der Karl-Marx-Universität Leipzig

1975–1989 Leiter der Marxistischen Abendschule für Dozenten und Professoren der Karl-Marx-Universität sowie der Leipziger Hochschulen in Rohrbach (Thüringen)

1985 Emeritierung

Lebensstationen

1926–1936 Besuch der Volksschule und Realschule in Crimmitschau (Sachsen) mit dem Abschluss „Mittlere Reife"

1936–1939 Schlosserlehre in Crimmitschau und Besuch der Fachschule für Metallhandwerk in Zwickau (Ausbildung zum Bau- und Maschinenschlosser)

1939–1945 Teilnahme am Zweiten Weltkrieg (Kriegsmarine, letzter Dienstgrad: Oberfunkmeister)

Mai 1945 bis März 1946 Britische Kriegsgefangenschaft in Kiel

1946–1949 Arbeit als Neulehrer an der Ernst-Schneller-Schule in Neukirch/Pleiße

1949–1951 Arbeit als Lehrer für Mathematik und Physik an der Oberschule im Crimmitschau (Sachsen)

1950 Stellvertretender Direktor der Oberschule in Crimmitschau und Mentor für politische Bildung für den Kreis Zwickau/Land

1951–1953 Nachwuchsdozent am Institut für Lehrerbildung Leipzig (Fachgebiet: Marxismus-Leninismus)

1951 Teilnahme am zweimonatigen Qualifizierungslehrgang für Dozenten im Fach Marxismus-Leninismus in Dresden

1952 Ernennung zum Studienleiter für Lehre und Forschung am Institut für Lehrerbildung Leipzig

1953–1955 Lektor für Dialektischen und Historischen Materialismus am Pädagogischen Institut Leipzig

1955–1958 Wissenschaftlicher Assistent am Institut für Philosophie der Karl-Marx-Universität Leipzig

1956 Staatsexamen (extern) zum Dipl. phil. an der Philosophischen Fakultät der Karl-Marx-Universität Leipzig

1958–1959 Wissenschaftlicher Oberassistent für Dialektischen Materialismus am Institut für Philosophie der Karl-Marx-Universität Leipzig

1960–1965 Dozent an der Abteilung Dialektischer Materialismus des Instituts für Philosophie der Karl-Marx-Universität Leipzig

1960–1966 Leiter der Arbeitsgruppe Philosophie Probleme der modernen Biologie am Institut für Philosophie der Karl-Marx-Universität Leipzig

1971 Verleihung des Dr. sc. phil. durch den Wissenschaftlichen Rat der Karl-Marx-Universität Leipzig auf dem Gebiet des Dialektischen und Historischen Materialismus

seit 1985 Arbeit als freiberuflicher Philosoph und Publizist

seit 1992 Gründungsmitglied des Rohrbacher Kreises und Herausgeber der Rohrbacher Manuskripte

Biografische und autobiografische Literatur

Wolfgang Lorenz und Karlheinz Kannegießer: Laudation für Rudolf Rochhausen. In: Informationsbulletin: Aus dem philosophischen Leben der DDR (1986), H. 2. S. 43–46.

Protokoll eines Gesprächs mit Prof. Dr. Rochhausen, Leipzig den 6. Juni 1991. In: Michael Franzke (Hrsg.), Die ideologische Offensive. Ernst Bloch, SED und Universität, Leipzig, 1993.

Auszeichnungen

1951, 1952, 1954, 1959, 1964 Medaille für ausgezeichnete Leistungen

1976 Orden Banner der Arbeit Stufe III (im Kollektiv)

Verdienter Hochschullehrer

Pestalozzi-Medaille in Bronze, Silber und Gold

Bibliografie

(Zusammengestellt von Melitta Heinß, mit Ergänzungen von Hans-Gert Gräbe)

Bücher und Broschüren

1. Rochhausen, R.: Philosophie 1. Der dialektische Materialismus, die Weltanschauung des Proletariats. Lehrbriefe für das Fernstudium am Franz-Mehring-Institut. Karl-Marx-Universität Leipzig 1957.

2. Rochhausen, R.: Philosophie 3. Die Entwicklung der Materie (Materie – Bewusstsein). Lehrbriefe für das Fernstudium. Karl-Marx-Universität Leipzig 1958. Wirtschaftswissenschaftliche Fakultät.

3. Rochhausen, R.: Der Sputnik und der liebe Gott. Dietz Verlag, Berlin 1958. (Mehrere Auflagen)

4. Rochhausen, R.: Ganzheit und Zweckmäßigkeit lebender Systeme im Lichte des dialektischen Materialismus. Eine Auseinandersetzung mit der modernen bürgerlichen biologistischen Philosophie. Philosophische Fakultät, Leipzig 1959. Dissertation vom 7. September 1959.

5. Rochhausen, R.: Moderne Biologie und philosophische Kausalitätsauffassung. Leipzig 1964. Habilitationsschrift vom 25. November 1964.

6. Rochhausen, R.; Karel Berka u.a. (Hrsg.): Die Klassifikation der Wissenschaften als philosophisches Problem. Deutscher Verlag der Wissenschaften, Berlin 1968.

7. Rochhausen, R. u. a. (Hrsg.): Erkenntnistheoretische Probleme der modernen Biologie (russ.). Moskau 1968. S. 258–362.

8. Rochhausen, R. (Hrsg.): Lenin und die moderne Naturwissenschaft (anlässlich des 100. Geburtstags Lenins). Berlin 1970.

9. Rochhausen, R.; Günter Grau (Hrsg.): Lenin und die Wissenschaft, Bd. II. Deutscher Verlag der Wissenschaften, Berlin 1970. S. 1–51.

10. Rochhausen, R. (Mithrsg.): Bildung und Entwicklung natur- und humanwissenschaftlicher Theorien. Deutscher Verlag der Wissenschaften, Berlin 1983. S. 9–11 und S. 69–96.

11. Rochhausen, R. (Hrsg.): Rohrbacher Manuskripte. Rosa-Luxemburg-Stiftung Sachsen, Leipzig, und Rosa-Luxemburg-Stiftung Berlin, 1993–2011.

12. Rochhausen, R.: Die philosophische Strategie von Gottfried Wilhelm Leibniz. Rosa-Luxemburg-Stiftung Sachsen 1998.

Artikel in wissenschaftlichen Büchern und Zeitschriften

1. Rochhausen, R.: Über den Fortschritt. Wiss. Beilage des Forum 3/1957.

2. Rochhausen, R.: Zum Blochschen Materiebegriff. In: Ernst Blochs Revision des Marxismus. Berlin 1957.

3. Rochhausen, R.: Problema zelostnosta v biologijate. In: Filosofska Micl. Bulgarische Akademie der Wissenschaften, god. XIV, 3, 1958 (bulgarisch).

4. Rochhausen, R.: Das Ganzheitsproblem in der Biologie, In: Wiss. Zeitschrift der Karl-Marx-Universität Leipzig, 1958/59 (8), Gesellschaftswiss. u. Sprachwiss. Reihe, H. 3.

5. Rochhausen, R.: Gegen eine Erweiterung oder Einengung des Materiebegriffs. In: Deutsche Zeitschrift für Philosophie 1959 (7), H. 2.

6. Rochhausen, R.: Hans Drieschs Neovitalismus im Lichte des dialektischen Materialismus. In: Karl-Marxismus-Universität 1409–1959. Beiträge zur Universitätsgeschichte, Bd. 11. Leipzig 1959.

7. Rochhausen, R.: Problema zelostnosti v biologii. In: Voprosy filosofii. Akademie der Wissenschaften der UdSSR, H. 3, 1959 (russ).

8. Rochhausen, R.: Die Ganzheit lebender Systeme und ihre philosophische Deutung. Autorreferat zur Dissertation. In: Wiss. Zeitschrift der Karl-Marx-Universität Leipzig, 1959/60 (9), Gesellschaftswiss. u. Sprachwiss. Reihe, H. 2.

9. Rochhausen, R.: Für ein festes Bündnis zwischen Naturwissenschaftlern und marxistischen Philosophen. In: Einheit 1959 (14), H. 12.

10. Rochhausen, R.: Das Ganzheitsproblem in der Biologie. Wiss. Zeitschrift der Karl-Marx-Universität Leipzig, Festjahrgang zur 550-Jahr-Feier. 1958/59 (8), H. 3.

11. Rochhausen, R.: Die Ganzheit lebender Systeme und ihre philosophische Deutung (überarbeitete Fassung). In: Naturwissenschaft und Philosophie – Beiträge zum Internationalen

Symposium anlässlich der 550-Jahr-Feier der Karl-Marx-Universität Leipzig, Berlin 1960.

12. Rochhausen, R.: Determinismus und moderne Biologie. In: Einheit 1960, H. 9.

13. Rochhausen, R.: Prikled uspesni spolurprace markistických Filosofu s puirodovéda (mit Dr. Kamarýt). In: Filosofický Casopia (ČSSR) 1960, H. 3.

14. Rochhausen, R.: Einige Probleme der modernen Biowissenschaften im Lichte de dialektischen Determinismus. In: Deutsche Zeitschrift für Philosophie 1961 (9), H. 3. S. 66–87.

15. Rochhausen, R.: Lenin und die moderne Naturwissenschaft. In: Urania 1961 (24), H. 4.

16. Rochhausen, R.; Bönisch, S.; Pickert, H.; Fuchs-Kittowski, K.: Die Bedeutung der Kybernetik für die Biologie und einige sich daraus ergebende philosophische Probleme. In: Deutsche Zeitschrift für Philosophie 1961 (9), H. 11.

17. Rochhausen, R.: Ernst Haeckel. Welträtsel. In: Forum, Wissenschaftliche Beilage, 23. 08. 1961.

18. Rochhausen, R.: Gegen eine Abwertung des allgemeinen Kausalgesetzes. In: Wiss. Zeitschrift der Karl-Marx-Universität 1962 (11), H. 5.

19. Rochhausen, R.: Dialektisko-materialisky determimism v biologii. In: Filosofskie Problemy moderno Biologii. Praha 1963.

20. Rochhausen, R.: Die organismische Lehre Ludwig v. Bertalanffys – ein Ausdruck spontan dialektisch-materialistischen Den-

kens. In: Naturwissenschaft – Tradition – Fortschritt. Berlin 1963.

21. Rochhausen, R.: Kausalität und Determinismus in der modernen Biologie. Wissenschaftliches Seminar zu philosophischen Fragen der modernen Biologie am 12. April 1962. In: Sonderdruck der Wiss. Zeitschrift der Karl-Marx-Universität Leipzig 1963 (12), H. 1.

22. Rochhausen, R.; Ludwig, G.: Einige philosophische Probleme der modernen Genetik. Deutsche Zeitschrift für Philosophie 1963 (11), H. 2.

23. Rochhausen, R.: Zu einigen philosophischen Problemen der modernen Genetik. In: Biologie in der Schule. Berlin 1963 (12), H. 11.

24. Rochhausen, R.: Zur Dialektik von Struktur und Funktion und ihre Bedeutung für die moderne Wissenschaft. In: Wissenschaft contra Spekulation. Berlin 1964.

25. Rochhausen, R.: Einige Probleme der Methodologie der modernen Genetik. In Medizin und Philosophie – Arzt und Gesellschaft. Karl-Marx-Universität Leipzig. Sonderband V/1965.

26. Rochhausen, R.: Zur weiteren Arbeit auf dem Gebiet der philosophischen Probleme der modernen Biologie. In: Deutsche Zeitschrift für Philosophie 1965 (13), H. 2.

27. Rochhausen, R.: Dialektyka Struktury i Funktiony v metodologicznej Biologii. In: Kosmos 16/1 1967. (poln.)

28. Rochhausen, R.: Methodologische Bedeutung von Struktur und Funktion. In: Wiss. Zeitschrift der Humboldt-Universität Berlin, Math.-nat. Reihe 1967 (XVI), H. 6.

29. Rochhausen, R.: Die Wissenschaft von der Wissenschaft. VI. Kapitel. Berlin 1968. S. 218–242.

30. Rochhausen, R.: Philosophisch-methodologische Probleme der Wissenschaftsklassifikation, Vorwort des Sonderhefts der Wiss. Zeitschrift der Karl-Marx-Universität Leipzig 1968. S. 547.

31. Rochhausen, R.: Die strukturellen Veränderungen des Systems Wissenschaft und die philosophisch-methodologischen Konsequenzen für eine Wissenschaftsklassifikation. Sonderheft der Wiss. Zeitschrift der Karl-Marx-Universität Leipzig 1968. S. 549 ff.

32. Rochhausen, R.; Thom, A.; Kannegießer, K.-H.: Zu einigen Entwicklungsproblemen einer marxistisch-leninistischen Wissenschaftstheorie. In: Deutsche Zeitschrift für Philosophie, Sonderheft 1969.

33. Rochhausen, R.: Friedrich Engels über die Grundfrage der Philosophie. In: Wiss. Zeitschrift der Karl-Marx-Universität Leipzig, Gesellschaftswiss. und Sprachwiss. Reihe, 1970 (19), H. 5.

34. Rochhausen, R.: Zur Bildung von Prognosen in der Wissenschaftsentwicklung. In: Rostocker Philosophische Manuskripte 1970, H. 7.

35. Rochhausen, R.: Differenzierung und Integration im System der Wissenschaften und ihre Folgen für eine Prognose der Wissenschaftsentwicklung. In: Die Technik 1970 (25), H. 9.

36. Rochhausen, R.: Differenzierung und Integration im System der Wissenschaften und ihre Folgen für eine Prognose der Wissenschaftsprognostik und -organisation und -klassifizierung so-

wie das Bildungssystem. In: Philosophie, Kongress 1970. Wissenschaft und Sozialismus, Teil IV. Berlin 1970.

37. Rochhausen, R.; Kannegießer, K.-H.; Thom, A.: Philosophisch-methodologische Probleme der Bildung und Entwicklung theoretischer Erkenntnisformen in den Naturwissenschaften (Thesen). In: Wiss. Zeitschrift der Karl-Marx-Universität Leipzig, Gesellschaftswiss. und Sprachwiss. Reihe, 1971 (20), H. 4. S. 409–421.

38. Rochhausen, R.: Erfahrungen über das marxistische Kolloquium an der Sektion Mathematik der Karl-Marx-Universität. In: 3. Zentrale Arbeitstagung zur marxistisch-leninistischen Weiterbildung 1.–2. 12. 1971. S. 67.

39. Rochhausen, R.: Wissenschaftsentwicklung und wissenschaftliche Erkenntnisgewinnung. In: 3. Zentrale Arbeitstagung zur marxistisch-leninistischen Weiterbildung 1.–2. 12. 1971.

40. Rochhausen, R.: Widerspiegelung und Erkenntnis. In Deutsche Zeitschrift für Philosophie 1972 (20). H. 4.

41. Rochhausen, R.: Die Materie und ihre grundlegenden Existenzformen. In: Beiträge für das marxistisch-leninistische Grundlagenstudium 1972, H. 4.

42. Rochhausen, R.: Systematischer Abriss der marxistisch-leninistischen Erkenntnistheorie (Thesen), Kap. 4. Leipzig 1972.

43. Rochhausen, R.: Der wissenschaftliche Erkenntnisprozess als Widerspiegelungsprozess. In: Proceeding of the XVth World Congress of Philosophy Sept. 1973 in Varna, Bd. 5. Sofia 1973.

44. Rochhausen, R. (Mitherausgeber und Mitautor): Gerhard Harig. Ausgewählte philosophische Schriften. Leipzig 1973.

45. Rochhausen, R.: Widerspiegelung und Erkennen. In: Der wissenschaftliche Erkenntnisprozess als Widerspiegelungsprozess. Leipzig 1974.

46. Rochhausen, R.: Dialektischer und historischer Materialismus (Lehrbuch), Kap. 4: Die Materie und ihre grundlegenden Existenzformen. Berlin 1974. S. 110–144.

47. Rochhausen, R.; Lorenz, W.: Die Rolle des Individuums und der Gesellschaft bei der Widerspiegelung der objektiven Realität. In: Studien zur Erkenntnistheorie. Berlin 1974.

48. Rochhausen, R.: Das Studium von Werken der Klassiker des Marxismus-Leninismus – ein wesentlicher Beitrag zur Herausbildung von Grundüberzeugungen. In Beiträge zur kommunistischen Erziehung. Leipzig 1974.

49. Rochhausen, R. (Hrsg.): Widerspiegelung und Erkennen. In: Der wissenschaftliche Erkenntnisprozess als Widerspiegelungsprozess (Arbeitsmaterialien eines wissenschaftlichen Seminars, Juni 1972). In: Wissenschaftliche Beiträge der Karl-Marx-Universität, Reihe Gesellschaftswissenschaften, Leipzig 1974.

50. Rochhausen, R.; Ilgenfritz, G.: Schöpfertum als Form der Widerspiegelung. In: Deutsche Zeitschrift für Philosophie 1975 (23), H. 2.

51. Rochhausen, R.; Kannegießer, K.-H.; Thom, A.: Entwicklungsprobleme einer philosophischen Wissenschaftstheorie. In: Marxistische Wissenschaftstheorie (hrsg. A. J. Sandkühler). Frankfurt/M. 1975.

52. Rochhausen, R.; Ueberschär, K.; Aurich, H.: Materialistische Dialektik und moderne Genetik. In: Wiss. Zeitschrift der Karl-

Marx-Universität Leipzig. Math.-naturwiss. Reihe 1976 (25), H. 2.

53. Rochhausen, R.: Die dialektische Einheit innerer und äußerer wissenschaftlicher Determinanten in der Entwicklung naturwissenschaftlicher Theorien. In: Deutsche Zeitschrift für Philosophie 1977 (25), H. 5. S. 552–563.

54. Rochhausen, R.: Raswytie biologitscheskich teorij – prozess formirowanija dialektischeskogo myschlenija. In: Filosofskie Problemy Sofremenogo Estestwosnanija. Kiew 1977.

55. Rochhausen, R.: Theorienbildung in den Naturwissenschaften – ein dialektischer Entwicklungsprozess. In: Philosophie und Naturwissenschaften in Vergangenheit und Gegenwart. Humboldt-Universität Berlin. Heft 9. Erkenntnistheoretische, methodologische und weltanschauliche Probleme der Wissenschaftsgeschichtsschreibung. Berlin 1978.

56. Rochhausen, R.; Herwig, H. (Hrsg.): Funktionen und Wirkungsweise sozialer und ideologischer Determinanten bei der Entwicklung einzelwissenschaftlicher Theorien im Bereich der Natur- und Humanwissenschaften. Arbeitsmaterialien einer wissenschaftlichen Arbeitstagung, Leipzig, 28.-29. Oktober 1976. Wissenschaftliche Beiträge der Karl-Marx-Universität Leipzig 1978.

57. Rochhausen, R.: Entwicklung biologischer Theorien – ein Prozess der Herausbildung dialektischen Denkens. Humboldt-Universität Berlin. Sektion Philosophie. Heft 3/2: Philosophische Probleme der Biowissenschaften und der Medizin. Berlin 1978.

58. Rochhausen, R.; Recknagel, J.: Zur Dialektik wissenschaftsinterner und -externer Determinanten und ihre methodologische

Bedeutung für die Entwicklung von Weltmodellen. In: Philosophie und Naturwissenschaften in Vergangenheit und Gegenwart. Humboldt-Universität Berlin. Philosophie, Heft 20. Naturwissenschaft, Gesundheitswesen und Ökologie in Geschichte und Gegenwart. Berlin 1980.

59. Rochhausen, R.; Recknagel, J.: Die Dialektik wissenschaftsinterner und -externer Determinanten und bei der Entwicklung von Weltmodellen. In: Deutsche Zeitschrift für Philosophie 1981 (29), H. 9.

60. Rochhausen, R.: Dialektika raswitija posnanija i kritika postpositiwistskogo podchoda. In: Filosofskije problemy. Kiew 1981.

61. Rochhausen, R.: Die Funktion materialistischer Dialektik als philosophisch-allgemeine Methodologie der Natur- und Humanwissenschaften. In: Wiss. Zeitschrift der Karl-Marx-Universität Leipzig. Dialektische Logik und materialistische Dialektik als Methodologie der Mathematik und Naturwissenschaften. 1984, H. 2.

62. Rochhausen, R.: Taburattany chene gimanittarlyj fylymdardyk schalpy metodologijacy retindegi materialisti dielektiklyk mindetteri (kasachisch). In: Akademii Nauk Kasachskoy SSR. Serija obschestwennych Nauk. Alma-Ata 1985, H. 2. S. 15–24.

63. Rochhausen, R.: Methodologische Probleme der Integrations- und Differenzierungsprozesse der Wissenschaft. In: Philosophie und Naturwissenschaften. Berlin 1986, Kap. 6.2.4. S. 239–246.

64. Rochhausen, R.: Evolutionäre Erkenntnistheorie – „Kopernikanische Wende" im naturwissenschaftlichen Erkennen? In:

Rohrbacher Manuskripte, H. 1, Karl-Marx-Universität Leipzig 1987. S. 99–115.

65. Rochhausen, R.: Bürgerliche Weltmodelle und der „neue Humanismus". In: Rohrbacher Manuskripte, H. 2, Karl-Marx-Universität Leipzig 1988. S. 36–62.

66. Rochhausen, R.; Rochhausen, J.: Wir haben nur eine Zukunft – Berichte an den Club of Rome. In: Urania Universum 36, Leipzig/Jena/Berlin 1990.

67. Rochhausen, R.: Stichwort „Ganzes – Teil", „Holismus – Merismus, „Interdisziplinarität". In: Philosophie und Naturwissenschaften. Wörterbuch. Berlin 1991.

68. Rochhausen, R.: Theoretische Hintergründe der „Neuen Rechten". In: Jahrbuch für systematische Philosophie 94 (Hrsg. W. Jantzen): Euthanasie – Krieg – Gemeinsinn. Kongress der Universität Bremen, 26.–28.11.1993.

69. Rochhausen, R.: G. W. Leibniz und die Relativität von Raum und Zeit – philosophische Probleme des Leibniz-Clarke-Briefwechsels. In: Jahrbuch für systematische Philosophie 93. Berlin 1993.

70. Protokoll eines Gesprächs mit Prof. Dr. Rudolf Rochhausen. Leipzig, den 6. Juni 1991. In: Die Ideologische Offensive. Ernst Bloch und die Universität. Leipziger Universitätsverlag. Leipzig 1993.

71. Rochhausen, R.: Ist unser Planet noch zu retten? In: Globale Probleme im Meinungsstreit. Rohrbacher Manuskripte, H. 1, Rosa-Luxemburg-Stiftung Sachsen, Leipzig 1995. S. 9–32.

72. Rochhausen, R.: Revolution zur „Nachhaltigen Gesellschaft". In: Global – Beiträge zu aktuellen Politikfeldern 1996, H. 1.

73. Rochhausen, R.: Gibt es einen methodologischen Dualismus zwischen Natur- und „Gesellschaftswissenschaften"? In: Beiträge zur Methodologie der Wissenschaften. Rohrbacher Manuskripte, H. 2, Rosa-Luxemburg-Stiftung Sachsen, Leipzig 1996. S. 9–19.

74. Rochhausen, R.: Leibniz und die Einheit von Logik, Kombinatorik und Erkenntnis. In: Gottfried Wilhelm Leibniz – wissenschaftliche Methoden heute. Rohrbacher Manuskripte, H. 3, Rosa-Luxemburg-Stiftung Sachsen, Leipzig 1997. S. 21–34.

75. Rochhausen, R.: Hat Ethik Einfluss auf das demokratische Bewusstsein? In: Global – Beiträge zu aktuellen Politikfeldern 1998, H. 2.

76. Rochhausen, R.: Die geistigen Strömungen unserer Zeit und der Einfluss postmodernen Denkens. In: Überlegungen zur geistigen Situation in unserer Zeit. Rohrbacher Manuskripte, H. 4, Rosa-Luxemburg-Stiftung Sachsen, Leipzig 1999. S. 65–74.

77. Rochhausen, R.: Die ideologische Offensive der SED (Zum 20. Todestag des marxistischen Philosophen Ernst Bloch). In: Global – Beiträge zu aktuellen Politikfeldern 1999, H. 3.

78. Rochhausen, R.: Wissenschafts- und Weltwirtschaftsethik im Prozeß der Globalisierung. In: Nachhaltigkeit, Wissenschaftsethik und Globalisierung. Rohrbacher Manuskripte, H. 7, Rosa-Luxemburg-Stiftung Berlin 2001. S. 5–12.

79. Rochhausen, R.: Die Beziehung zwischen Nachhaltigkeit und Globalisierung. In: Nachhaltigkeit, Wissenschaftsethik, Globalisierung. Rohrbacher Manuskripte, H. 8, Rosa-Luxemburg-Stiftung Berlin 2001. S. 10–26.

80. Rochhausen, R.: Wissenschafts- und Technikentwicklung im Rahmen von Nachhaltigkeit und die Bedeutung einer Wissenschaftsethik. In: Nachhaltigkeit als Forderung für die Wissenschaftsentwicklung. Rohrbacher Manuskripte, H. 9, Rosa-Luxemburg-Stiftung Berlin 2002. S. 7–27.

81. Rochhausen, R.: Erziehung, Bildung, Nachhaltigkeit. In: Überlegungen zur Bildung – nach PISA. Rohrbacher Manuskripte, H. 10, Rosa-Luxemburg-Stiftung Berlin 2004. S. 7–25.

82. Rochhausen, R.: Werte im wissenschaftlichen Erkenntnisprozess und im praktischen Lebensvollzug unter dem Gesichtspunkt der nachhaltigen Entwicklung. In: Werte, Wissenschaft und Bildung unter dem Aspekt von Globalisierung und Nachhaltigkeit. Rohrbacher Manuskripte, H: 11, Rosa-Luxemburg-Stiftung Sachsen, Leipzig 2005. S. 7–25.

83. Rochhausen, R.: Erfolge von science heute – Wozu überhaupt noch Philosophie? In: Die geistigen Strömungen heute und das Problem der nachhaltigen Entwicklung. Rohrbacher Manuskripte, H. 12, Rosa-Luxemburg-Stiftung Sachsen, Leipzig 2006. S. 7–25.

84. Rochhausen, R.: Parteien überschreitende Vernunft – die Notwendigkeit einer nachhaltigen Demokratie. In: Werte als Grundlage von Entscheidungen. Rohrbacher Manuskripte, H. 13, Rosa-Luxemburg-Stiftung Sachsen, Leipzig 2007. S. 7–19.

85. Rochhausen, R.: Kant und die Wissenschaft. Werte und Wertkritik. In: Ökonomische und philosophische Dimensionen. Rohrbacher Manuskripte, H. 14, Rosa-Luxemburg-Stiftung Sachsen, Leipzig 2008. S. 26–42.

86. Rochhausen, R.: Anständig wirtschaften. In: Technikentwicklung und Wissenschaft im Spannungsfeld von Verstand und Vernunft. Rohrbacher Manuskripte, H. 17, Rosa-Luxemburg-Stiftung Sachsen, Leipzig 2011. S. 57–60.

Freiheit – ein Wert der Linken. Einige Gedanken nach den Wahlen

Rudolf Rochhausen, Schwerin

Dieser Text[1] ist einer der letzten Texte Rudolf Rochhausens, den er noch im Oktober 2011 für Die Linke schrieb.

Linkes Denken ist ohne Begreifen der Kategorie Freiheit nicht möglich. Es sind zwei Aspekte, die die Freiheit umfasst. Die „Kettensprengung" ist *Freiheit wovon*, der endlich „aufrechte Gang" des Menschen *Freiheit wozu*. Diese Gedanken beschäftigen eine ganze Reihe Denker von der Antike bis zur Gegenwart: z. B. Spartakus, Epiktet. Letzterer ein Sklave, der von seinem Herrn furchtbar gefoltert wurde. Mit einer Eisenstange wurden ihm beide Beine zerschmettert. Vertreter der griechisch-römischen Stoa kauften ihn frei. Bald entwickelte er sich zum geistigen Führer dieser Wissenschaftlergemeinschaft. In einer Art Sänfte wurde er an den jeweiligen Versammlungsort getragen. Für ihn waren Sklaven Menschen, keine sprechenden Werkzeuge. Goethe hat seine Schriften mit Begeisterung gelesen. („Weder die Schärfe des Aristoteles noch die Fülle des Platon fruchteten bei mir im mindesten, zu den Stoikern hingegen hatte ich schon früher eine Neigung gefasst und schaffte nun den Epiktet herbei, den ich mit voller Teilnahme studierte"[2]). Zu nennen wären weiterhin die Albigenser sowie Müntzer (Schaffen von Freiheit durch Beseitigung von Unterdrückung und Elend vor allem der ländlichen Bevölkerung; eine Theologie der Revolution. Heute wird Müntzer in den Schulbüchern unseres Landes meist nicht mehr

---

[1] Erschienen im „Offenen Blatt. Die LINKE.Schwerin" vom Oktober 2011.
[2] J.W. Goethe: Dichtung und Wahrheit, 6. Buch.

erwähnt). Zu nennen ist Luther (er will eine geistlich-christliche Freiheit durch die Gnade Gottes erreichen, die Hilfe wie Menschlichkeit
und Humanität für die Bedürftigen und Unterdrückten bringt[3]). Zu
nennen sind in diesem Zusammenhang Rousseau, Hegel (Freiheit ist
Einsicht in die Notwendigkeit), Engels (Freiheit heißt mit der Notwendigkeit Handeln) Guevera, Bloch, darunter ist auch eine Frau:
Rosa Luxemburg (Freiheit ist vor allem die Freiheit anders Denken-
der).

Dazu der *Marxsche Kategorische Imperativ:* Alle Verhältnisse um-
werfen, in denen der Mensch ein erniedrigtes, ein geknechtetes, ein
verlassenes, ein verächtliches Wesen ist. Das fundiert nicht zuletzt
die wirkliche Freiheit als wirkliche Gleichheit und Brüderlichkeit.
Und macht Identität zu jenem „Eschaton der Freiheit" (E. Bloch),
das sich, da es selbst unterwegs ist, sich auch nur als Aurora (lat.)
mitteilen kann. Das muss näher interpretiert werden. Gemeint ist
bei ihm damit u. a., dass in diesem Prozess der Umsetzung vieles
falsch gemacht werden kann. Dann bleibt das Ziel der Umgestal-
tung ein Aufflammen, eine Morgenröte (Aurora), letzlich eine fast
jenseitige Vorgabe. Die Volksmassen werden nicht mehr erreicht.

1. Der DDR wurde die sowjetische Staatsdoktrin mit all ihren
Fehlern und deren sozialökonomischen Entwicklungswegen überge-
stülpt. In der Frage der Diktatur des Proletariats schrieb schon Rosa
Luxemburg: „Jawohl Diktatur des Proletariats. Aber diese Diktatur
besteht in der Art der Verwendung der Demokratie, nicht in ihrer
Abschaffung. Diese Diktatur muss das Werk der Klasse und nicht
im Namen einer kleinen führenden Minderheit im Namen der Klasse
sein, d. h. sie muss auf Schritt und Tritt aus der aktiven Teilnahme der Massen hervorgehen, unter ihrer unmittelbare Beeinflussung

---

[3] Luthers Schrift „Von der Freiheit des Christenmenschen".

stehen, der Kontrolle der gesamten Öffentlichkeit unterstehen, aus der wachsenden politischen Schulung der Volksmassen hervorgehen." *Marx' Kategorischer Imperativ* bleibt für die Linken stets eine zutiefst schöpferische konkret historische Aufgabe.

2. Der Krieg ist die gefährlichste Form der Ausschaltung des Denkens. In der Rekrutenkompanie war ein geflügeltes Wort der Maate und Obermaate: Das Denken überlassen Sie gefälligst den Pferden, die haben einen größeren Kopf. Ein Krieg kann sich in der Gegenwart zu einem Nuklearkrieg entwickeln und den Planeten Erde unbewohnbar machen. Damit wäre Freiheit für immer erledigt. Freiheit wozu enthält als letzten Sinninhalt, worauf sie sich bezieht, die Einheit von Existenz, also nicht nur von Erscheinung und Wesen.

3. Interessant ist auch die Frage nach der Beziehung zwischen Freiheit und Wahrheit. Zu beachten ist dabei der Bezug zwischen Wahrheit und Irrtum, Wahrhaftigkeit und Lüge. Wenn einer glaubt, eine wahre Aussage gemacht zu haben, sie erweist sich aber als falsch, so irrt er. Irrtum ist also nichts Negatives, im Gegenteil, erkannter Irrtum kann durch neues Durchdenken neue Wege zur Wahrheit aufdecken. Anders verhält es sich mit der Lüge. Wenn einer weiß, seine Aussage ist falsch, und trotzdem behauptet, sie sei wahr, dann lügt er. Ein Politiker wurde einmal gefragt, warum er nach der Wahl seine Meinung geändert hat. Er antworte: Da war ja Wahlkampf. Im Wahlkampf kann man also lügen, denn es geht ja um Wählerstimmen. Stimmenfang durch Lügen ist ein übler, aber gängiger Trick und wird von vielen Bürgern nicht erkannt oder aber führt zur Wahlabstinenz. Der Lügner fühlt sich vielleicht unfrei, denn Lügen können aufgedeckt werden, nur die Wahrheit macht frei. Die Praxis der Wahrheit ist der Sozialismus der Freiheit. Freiheit gehört zum linken Denken. Auf der roten Fahne der Linken sollte im Gösch in goldenen

Buchstaben *Freiheit* eingewebt sein.

Abschließend sei bemerkt : Dieses „Freiheit wovon" ist zutiefst mit dem „Freiheit wozu" verbunden – das sollten wir auf unserem politischen Weg stets beherzigen.

Beiträge von

Weggefährten

Ökonomisierung, Ethik und Identität der Sozialen Arbeit

Michael Franzke, Leipzig

Im letzten Gespräch, das ich mit Rudolf Rochhausen 2010 führte, ging es um Ketzer und widerständiges Denken. Wir waren uns darin einig, dass das, was wir als „Ketzerei" bezeichnen wollten, drei Ansprüchen genügen muss. Es muss geeignet sein Humanität zu befördern, es muss zum Eingreifen in die soziale Wirklichkeit hin entworfen sein und es hat der Entfaltung der Subjektivität, derer, die ihr folgen wollen, genügend Raum zu lassen.

Diesen Gedanken weiter verfolgend, bin ich auf das Thema „Ökonomisierung, Ethik und Soziale Arbeit" gestoßen. Hierbei geht es letztlich um die Frage, wie es gelingt, dem Risiko einer „ökonomischen Überformung" Sozialer Arbeit wirksam zu begegnen. Meine Reflexionen zu diesem Thema sind gespeist aus langjährigen Erfahrungen in der Kinder- und Jugendhilfe. Die Praxiserfahrungen aus den Bereichen kindliche Frühförderung oder Altenpflege können da ganz andere sein und somit auch einen anderen Zugang zum Thema eröffnen. Eine der vielfältigen Erscheinungsformen der Ökonomisierung der Kinder- und Jugendhilfe beschreibt Mechthild Seite aus dem Blickwinkel einer Jugendamtsmitarbeiterin wie folgt: Es habe ganz allmählich angefangen. Im Jugendamt tauchten neue Begriffe auf: Budget, Qualitätssicherung, Steuerung, Effektivität, Effizienz. Die Mitarbeiterinnen und Mitarbeiter wurden aufgefordert herauszufinden, wie das „Produkt" ihrer Arbeit beschrieben werden kann. Sind das „Produkt" arbeitsfähige und arbeitswillige Jugendliche, Jugendliche, die sich glücklich fühlen oder die die dazu befähigt werden ihr Leben einmal selbständig bewältigen zu können? „Input, Output, put put", witzelten wir und glaubten damals fest daran, dass diese Begriffe und Ideen sich binnen einiger Monate wieder erledigen würden, so wie es bis dahin mit mancher fixen Idee unseres rührigen Amtsleiters passiert war. Aber dem war nicht so. Diese Begriffe fingen an, unsere alltägliche Arbeit zu begleiten."[1] Sie begannen die Konzepte und Haushaltspläne zu prägen. Dann folgten die ersten Stellensperren, Projekte wurden nicht verlängert oder erst gar nicht bewilligt. Der Begründungsaufwand für zusätzliche Gelder wuchs zu einer Papierflut an und fachliche Argumente zogen immer weniger. Es schien noch um eins zu gehen, um Geld, um Einsparungen.

Die ökonomische Überformung sozialer Arbeit

Worin besteht das Problem? Zunächst: Es besteht nicht darin, dass die Soziale Arbeit angehalten ist, mit ihren Ressourcen sparsam umzugehen, wirtschaftlich transparent zu arbeiten und das Kosten-Nutzen-Verhältnis stets im Auge zu behalten. Wolf Rainer Wendt hält es für unzulässig, zwischen Wirtschaft und Sozialem einen unüberbrückbaren Antagonismus zu konstruieren und eine Verknüpfung von sozialem Engagement mit einem Kosten-Nutzen-Kalkül als unzulässige Ökonomisierung zu diffamieren.[2]

Die Befürworter einer stärkeren Durchdringung der Sozialen Arbeit mit wirtschaftlichen Denk- und Verhaltensweisen sehen in der Übernahme ökonomischer Managementkonzepte durchaus einen Professionalisierungsgewinn. Er sei insbesondere dann gegeben, wenn sie zu ihrer Entwicklung, Autonomie und Legitimität nachhaltig beitragen kann.[3]

---

[1] Mechthild Seithe: Schwarzbuch Soziale Arbeit. Wiesbaden 2012. S. 116.
[2] Wolf Rainer Wendt: Sozialwirtschaft – eine Systematik. Baden-Baden 2003.
[3] Martin Albert: Soziale Arbeit im Wandel. Hamburg 2006. S. 65f.

Sie könne zum Erhalt der professionellen Autonomie der Sozialen Arbeit beitragen, wenn neben den Grundsätzen zur Überprüfung der Fachlichkeit ihres eigenen Handelns Kriterien für die quantitative Messbarkeit von Effekten und Effizienz treten würden.

Soziale Arbeit habe verstärkt ökonomische Verantwortung zu übernehmen und das sei für sie von strategischem Vorteil, verschaffe ihr vor allem in der Kommunalpolitik eine stärkere Anerkennung. Die Leistungsprozesse der Sozialen Arbeit müssen ökonomisch verlässlich und transparent erfolgen. Die Wahrnehmung ökonomischer Verantwortung biete zudem mehr Raum für Humanität, wenn die vorhandenen Gelder ökonomisch zweckrational eingesetzt werden. Durch eine Steigerung von Effizienz, Effektivität und Produktivität sozialer Arbeit könnten mehr Leistungsberechtigte versorgt werden, als ohne eine Steuerung der Leistungsprozesse ohne ökonomische Kennzahlen.

Die Ökonomisierung der Sozialen Arbeit, wird von der Profession jedoch nicht nur als Chance gesehen, sondern auch als ein Risiko wahrgenommen, das durchaus ihre Identität in Frage stellen kann. Ökonomisierung der Sozialen Arbeit ist Ausdruck dafür, dass wirtschaftliches und soziales Denken nicht mehr im Einklang stehen, sondern ökonomische Entscheidungskriterien gegenüber den ethischen und fachlichen Standards das Übergewicht bekommen, finanzielle Mittel und nicht der tatsächliche Bedarf an ihren Leistungen über die Angebote entscheiden. Aber selbst das strikt dienstleistungs- und kundenorientierte Qualitätsmanagement gerät unter diesem Blickwinkel in Misskredit. Es wird von Sozialarbeiterinnen und Sozialarbeitern bezweifelt, dass ein auf die Steigerung von Effizienz und Effektivität, auf Bündelung von Zuständigkeiten und Arbeitsabläufen ausgerichtetes Qualitätsmanagement mit professionsmoralischen Grundsätzen vereinbar ist. Sie sehen diese Entwicklungen vielmehr als Ausdruck dafür, ihre beruflichen Tätigkeiten und ihre Organisationsstrukturen unter rein betriebswirtschaftlichen Kriterien optimieren zu wollen. Eine solche sozialwirtschaftliche Orientierung scheint sowohl die Faszination wie das Elend moderner Wohlfahrtsproduktion zu signalisieren.[4]

Wenn es gelingen soll, dieses Risiko zu minimieren bzw. in Grenzen zu halten, dann setzt dies voraus, es zum Gegenstand einer allseitigen Reflexion zu machen.

Diese Reflexion wäre in zwei Richtungen hin zu betreiben. In der vertikalen Reflexion ist die Ökonomisierung der Sozialen Arbeit aus ihrer Entwicklung heraus zu begreifen und das Unbehagen der Profession als Ergebnis der Abschätzung ihrer Folgen zu verstehen. In der horizontalen Reflexion sind die unterschiedlichen Interessen der Politik, der Wirtschaft, der Bürgerschaft und der Sozialen Arbeit zur Sprache zu bringen und diese mit der Frage nach der Zukunftssicherung unserer Gesellschaft in Beziehung zu setzen. Diese Herausforderung steht vor allen jenen, die für die sozial Schwachen und Hilfebedürftigen, für die sozial Benachteiligten und individuell Beeinträchtigten ein Mandat haben oder anwaltschaftlich aktiv werden wollen.

Zur klareren Fassung dessen, worin eigentlich das Wesen der Ökonomisierung der Sozialen Arbeit besteht, wird sie allgemeinhin als „BWL-isierung" bezeichnet. Die kontinuierliche Beobachtung ökonomischer Kennzahlen ist zu einer der grundlegenden Steuerungsaufgaben der Sozialen Arbeit geworden. Dem Ökonomen wachsen auch in Organisationen der Sozialen Arbeit Schlüsselpositionen zu. Das Sozialwirtschaftmanagement hält Einzug. Mit der Zunahme des

---

[4] Marianne Meinhold und Andreas Lob-Hüdepohl: Ethik der Organisationsformen Sozialer Arbeit. In: Andreas Lob-Hüdepohl, Walter Lesch (Hrsg.): Ethik Sozialer Arbeit. Paderborn – München – Wien – Zürich 2007. S. 343.

administrativen Personals findet tendenziell eine Verschiebung der Ressourcenverteilung zu Lasten der qualifizierten sozial-integrativen Arbeit statt. Sozialarbeiterinnen und Sozialarbeiter werden vom eigentlichen pädagogischen Wertschöpfungsprozess für Aufgaben der Verwaltung und Dokumentation abgezogen.[5] Zwar wird Effizienz als Kontrollwert im Sozialwesen zunehmend akzeptiert, so bleibt doch strittig, ob ein Denken vornehmlich in Kosten-Nutzen-Relationen die Qualität sozialer Dienstleistungen tatsächlich zu steigern vermag. „Das Soziale reduziert sich, so erfahren es viele im beruflichen Alltag, mehr und mehr auf marktfähige Leistungen und auf den Wettbewerb um ihre kostengünstige Erbringung.“[6]

Zu den ambivalenten Erscheinungen der Ökonomisierung der Sozialen Arbeit gehören: Mittelkürzungen oder Einfrieren von Zuwendungen bei steigenden Kosten, Ablehnung von Zuständigkeiten, Umverteilung von Fördermitteln aus der kostenintensiven Projektförderung hin zur preiswerteren Netzwerkkoordination, Aufgabe vollfinanzierter zugunsten kofinanzierter Maßnahmen, Hebung von Betreuungsschlüsseln, Kürzung von Betreuungszeiten, Heraufsetzung von Zugangsvoraussetzungen zu Leistungen, Verschärfung von Sanktionen bei Regelverstößen, Erhöhung von Eigenmitteln und Eigenleistungen usw. usf.

Insbesondere Kommunalpolitiker verteidigen diese Entwicklung und begründen sie mit der Verschuldung der Kommunen, die sie nahe an den Rand ihrer Handlungs- und Gestaltungsfähigkeit bringen. Der steigende Finanzbedarf des sozialen Sektors könne nicht weiter aus Steuern und Abgaben abgedeckt werden. Die Neuverschuldungen der Kommunen wachsen, die Einnahmen sinken und die Zuweisun-

---

[5] Udo Wilken: Faszination und Elend der Ökonomisierung des Sozialen. In: Ders. (Hrsg.): Soziale Arbeit zwischen Ethik und Ökonomie. Freiburg im Breisgau 2000. S. 20.
[6] Udo Wilken: Vorwort. In: (Wilken 2000). S. 8.

gen durch Bund und Länder an die Kommunen nehmen fast ebenso schnell ab wie die von Bund und Ländern zugewiesenen und nicht finanzierten Ausgaben zunehmen.

Unverkennbar ist aber auch, dass kommunale Gelder für neue Schwerpunktsetzungen freigesetzt werden müssen, z. B. für den Ausbau der kindlichen Frühförderung und der Neugestaltung von lokalen Bildungslandschaften.

Meine These ist, dass angesichts dieser Entwicklungstendenzen der Ethik der Sozialen Arbeit im gegenwärtigen Diskurs der Profession eine identitätsstiftende Funktion zukommt. Ihr Funktionsbereich erweitert sich, sie dient nicht mehr nur als Handlungsorientierung in Konfliktsituationen der praktischen Arbeit, sondern rückt ins Zentrum ihrer weiteren Professionalisierung. Sie wird zum entscheidenden Maßstab, an dem sich alle Versuche messen lassen müssen, aus der Wirtschaft entlehnte Managementsysteme in die Soziale Arbeit zu implementieren. Die Kompetenz zum ethischen Urteil rückt in die Kernkompetenzen der Sozialarbeiterinnen und Sozialarbeiter auf. Dass moralische Haltungen und ethische Argumente für die Legitimation des beruflichen Tuns und Lassens immer bedeutsamer werden, liegt u.a. auch daran, dass bislang fraglos zugestandene soziale Handlungsweisen und finanzierte Sozialleistungen neuerdings legitimierungsbedürftig sind und eine prinzipielle Antwort auf die Frage „Warum soll ich mich sozial fair, mitfühlend und kooperativ verhalten?" sich nicht mehr für alle Bürgerinnen und Bürger von selbst versteht. Verwirklichung des Sozialen im Alltag bedarf, „der Legitimation dieses Tuns durch eine rational begründete Ethik".[7]

Dem Begehren nach einer ökonomischen Überformung der Sozialen Arbeit ist ihr Moralkodex entgegenzuhalten, der sowohl in den allgemeinen Menschenrechten als auch in der Gesetzgebung zum sozialen Rechtsstaat verankert ist.

---

[7] Ebenda. S. 9.

Der aktivierende Sozialstaat und die Ausgeschlossenen

Das Sozialstaatsmodell ist jedoch in der Kritik. Diejenigen, die für die Abschaffung des Sozialstaates plädieren, meinen, dass er die „unternehmerische Risikobereitschaft der Menschen und ihre Selbsthilfefähigkeit" hemmt. Der „betreuende und bürokratische" Sozialstaat behindere die notwendige Innovationsbereitschaft und Eigenverantwortlichkeit seiner Bürgerinnen und Bürger.[8] Zudem verbrauche er Geld, das besser in die Förderung der Konkurrenzfähigkeit der Wirtschaft auf dem globalisierten Markt und somit zur Sicherung des Wirtschaftswachstums investiert werden sollte. Nach dieser neoliberalen Logik ist die Wirtschaftspolitik die beste Sozialpolitik, sie bringe mehr bezahlte Arbeit für die Menschen und höhere Steuereinnahmen für den Staat. Der Sozialstaat, mag er auch ein positiver Produktionsfaktor sein, habe aber, so seine Kritiker, einen zu hohen Preis: die Beeinträchtigung der „natürlichen Motivation" zur Selbstsorge und zur Sparsamkeit und Bildung von Vermögen zur Absicherung von Notsituationen. Der Sozialstaat neige zudem zur Bürokratie und belaste dadurch die „Effizienz der Gesellschaft" im Allgemeinen. Der Abbau des Sozialstaates fördere die Eigeninitiative, die Übernahme von Eigenverantwortung, die „Selbst-für-sorge" und „Selbst-vor-sorge".

Bei dieser Kritik werden allerdings die positiven Auswirkungen, die der Sozialstaat auch auf die Wirtschaft hat, völlig übersehen: die Integration der Gesellschaft durch Abbau des Gegensatzes von Arbeit und Kapital, die Verhinderung neuer Formen der Dualisierung der Gesellschaft und Verbesserung der Durchlässigkeit des gesellschaftlichen Schichtgefüges, Fundierung in sich stimmigen Wertesystems der Gesellschaft, die Entfaltung der menschlichen Produktivkraft in

---

[8] Lothar F. Neumann, Klaus Schaper: Die Sozialordnung der Bundesrepublik Deutschland. Bonn 2010. S. 12.

allen Schichten der Bevölkerung, die Institutionalisierung von Regeln zur friedlichen Konfliktaustragung.[9]

Der Sozialstaat war und ist eine „konzeptionelle Antwort" auf das Markversagen. Er war und ist eine Konsequenz aus der deutschen Geschichte, eine Lehre aus der Weltwirtschaftskrise der 1920er Jahre, die den Aufstieg des Nationalsozialismus förderte und den psycho-sozialen Boden für den Völkermord des 2. Weltkrieges ebnete.

Es sind die Ausgeschlossenen, die, so Tony Judt, das eigentliche Problem neoliberaler Entwicklung sind, die also, die aus dem regulären Arbeitsmarkt ausscheiden oder die keinen Zugang zu ihm finden. Es ist nicht nur die materielle Armut, die die sozialen Beziehungen unserer Gesellschaft zu zeichnen beginnt und die Besorgnis erregt, es ist auch die Lebensform der Ausgeschlossenen „außerhalb der üblichen Strukturen und Sicherheiten, ohne nennenswerte Chance, sie wieder in die Arbeitswelt einzugliedern und von deren Strukturen zu profitieren. Diese Leute – Alleinerziehende, Teilzeit- oder Kurzarbeiter, Migranten, Jugendliche ohne Lehrstellen, vorzeitig in Rente geschickte Arbeiter – sind nicht mehr in der Lage, ein anständiges Leben zu führen, an kulturellen Aktivitäten teilzunehmen oder ihren Kindern etwas Besseres zu bieten. Für sie dreht sich alles um das schlichte Überleben."[10]

Die Befindlichkeit dieser Ausgeschlossenen, die ich aus eigener Tätigkeit erfahren musste, beschreibt folgender Text ebenso eindrucksvoll wie realistisch: „Mein Körper gehört mir. Ich bin ich, du bis zu, *und es geht schlecht.* Massen-Pensionierung, Individualisierung aller Bedingungen – des Lebens, der Arbeit, des Unglücks. Diffuse Schizo-

---

[9] (Neumann, Schaper 2010). S. 12.
[10] Tony Judt: Das vergessene 20. Jahrhundert. Die Rückkehr des politischen Intellektuellen. Bonn 2010. S. 403 ff.

phrenie. Schleichende Depression. Atomisierung in feine paranoide Teilchen. Hysterisierung des Kontakts. Je mehr ich Ich sein will, desto mehr habe ich das Gefühl von Leere. Je mehr ich mich ausdrücke, desto mehr versiege ich. Je mehr ich hinter mir herlaufe, desto müder bin ich. Ich führe, du führst, wie führen unser Ich wie einen stupfsinnigen Schalter. Wir sind die Vertreter unserer selbst geworden – ein seltsamer Handel –, die Garanten einer Pensionierung, die am Ende ganz nach einer Amputation aussieht. Wir kriegen es hin, bis zum Zusammenbruch, mit einer mehr oder weniger verschleierten Ungeschicklichkeit.

Bis dahin *hab ich's im Griff*. Die Selbstsucht, meinen Blog, meine Wohnung, den neuesten Schwachsinn, der gerade Mode ist, die Paar-, die Sexgeschichten ... was man an Prothesen braucht, um ein Ich aufrechtzuerhalten! Wenn ‚die Gesellschaft' nicht diese endgültige Abstraktion wäre, bezeichnete sie die Gesamtheit der existenziellen Krücken, die man mir reicht, damit ich mich noch wegschleppen kann, die Gesamtheit der Abhängigkeiten, die ich um den Preis meiner Identität eingegangen bin."[11]

Was hält, was kann der Sozialstaat dagegen halten? Bei allen sozialen Problemlagen ist die Meinung mehrheitsfähig geworden, er müsse angesichts der Kostenexplosion reformiert, verschlankt werden. Die neue Staatsidee lautet nunmehr: „Die staatliche Verwaltung übernimmt das Strategiemanagement für die Kernaufgaben, die Politik übernimmt den Diskurs und entscheidet über die Auftragsvergabe, der soziale Sektor gestaltet, plant und führt unter den Bedingungen eines freien Marktes und Wettbewerbs die Leistungen aus. Die Gesellschaft soll parallel hierzu mehr Eigenverantwortung und bürgerliches Engagement übernehmen."[12]

---

[11] Unsichtbares Komitee: Der kommende Aufstand. Edition Nautilus. Hamburg 2010. S. 11 ff.
[12] (Albert 2006). S. 28.

Die gegenwärtigen Sozialreformen sind Maßnahmen, die dazu beitragen sollen, das bisherige Paradigma des aktiv zugunsten der sozialen Sicherheit seiner Bürgerinnen und Bürger eingreifenden Staates zu überwinden und einen anderen Bezugsrahmen einzuleiten, den aktivierenden Sozialstaat.[13] Die *Sozial*politik wird in eine *Aktivierungs*politik umgeleitet. Die erste Maßnahme der Aktivierung ist der Übergang von der Sicherung des Lebensstandards zur Grundsicherung. Die zweite Maßnahme der Aktivierung ist die Sanktionierung von Regelverstößen.

Im „Handbuch zur Verwaltungsreform" heißt es 2005 dazu: Das Konzept des aktivierenden Staates versucht „eine Positionsbestimmung öffentlicher Aufgaben vorzunehmen, die einen Ausweg aus der Zwickmühle zwischen Allzuständigkeit und Begrenzung des Staates durch eine aktive Mobilisierung der Gesellschaft in Form einer Entwicklungsagentur (an Stelle des Leistungsstaates) sucht."[14]

Was die Wirksamkeit dieses Konzeptes anbelangt, so heißt es weiter: „Insgesamt ist das Konzept des aktivierenden Staates aus der öffentlichen Wahrnehmung ein Stück zurückgenommen worden, hat dabei aber gleichzeitig quasi unter der Hand in immer weiteren Bereichen Eingang in praktische Politik gefunden. Der aktivierende Staat taugt damit nicht nur als analytisches Konzept, sondern auch als Steinbruch für kontinuierliche Verwaltungsreform."[15]

---

[13] Wolfgang Gern, Heribert Renn, Franz Segbers: „Es sollte überhaupt kein Armer unter euch sein". Die Umstrukturierung des Sozialstaates und die Diakonie. In: Soziale Arbeit und Ethik im 21. Jahrhundert. Ein Handbuch. Herausgegeben von Susanna Dungs u.a. Leipzig 2006. S. 144.

[14] Stephan von Bandemer, Josef Hilbert: Vom expandierenden zum aktivierenden Staat. In: Handbuch zur Verwaltungsreform. Herausgegeben von Bernhard Blanke. Wiesbaden 2005. S. 27.

[15] Ebenda. S. 35.

Der Übergang zum aktivierenden Sozialstaat wird gesteuert, über das sogenannte „Neue Steuerungsmodell" der sozialstaatlichen Verwaltung. „Das Schlagwort vom 'Neueren Steuerungsmodell' verkörpert und symbolisiert die derzeit herrschende Richtung der Verwaltungsmodernisierung in Deutschland."[16] Durch sie beginnt sich die Ökonomisierung der Sozialen Arbeit strukturell zu verfestigen.

Aufschlussreich ist folgende Begründung für die Notwendigkeit, die Verwaltung zu „modernisieren", die Rolf Brunner-Salten vorgetragen hat: „Es reicht in der Tat nicht aus, darauf verweisen zu können, dass Rat und Verwaltung es geschafft haben, sich im Rahmen der veranschlagten Haushaltsmittel bewegt zu haben. Es fehlen z.B. die Aussagen darüber, ob die Ausgaben überhaupt nötig waren und welche Wirkung sie erzielt haben oder ob die Ergebnisse auch auf andere und sinnvollere Weise herbeigeführt werden konnten. Dabei geht es unter anderem um In- und Outsourcing, um Produktion und Vergabe von Leistungen."[17] Deutlicher kann das in die Verwaltung zu implementierende betriebswirtschaftliche Denken nicht zum Ausdruck gebracht werden.

„Neue Steuerung", Markt und Moral

Vorgezeichnet war die „Neue Steuerung" durch das New Public Management, das bereits in den 1980er Jahren in den OECD-Ländern praktiziert wurde. Es zeichnet sich insbesondere dadurch aus, dass es neben verschiedenen Wissenschaftsdisziplinen die "öffentliche Betriebswirtschaftslehre" für sich fruchtbar macht. Es handelte sich um eine „Mikroökonomisierung" öffentlicher Verwaltung.[18]

---

[16] Werner Jann: Neues Steuerungsmodell. In: (Blanke 2005). S. 74 ff.

[17] Ebenda. S. 59.

[18] Eckehard Schröter, Hellmut Wollmann: New Public Management. In: (Blanke 2005). S. 63.

Ihre Kernthesen sind:

(a) die konsequente Prüfung der Wirksamkeit der Verwaltung nach aussagekräftigen Leistungsindikatoren,

(b) die Wettbewerbsgestaltung durch Ausschreibungen,

(c) die stringente Orientierung auf sogenannte Kernprozesse,

(d) die Einführung erprobter privatwirtschaftlicher Managementmethoden und

(e) Führung über die Stärkung der Einzelverantwortung und das Kontraktmanagement.

Mit dem „Neuen Steuerungsmodell" selbst sollen Anreize zur effizienten Mittelverwaltung, der Zwang zur Leistung sowie die Nachweispflicht zur Verwendung der finanziellen Mittel in der öffentlichen Verwaltung erhöht werden. Im gleichen Atemzug gelte es, die Attraktivität des öffentlichen Sektors und die Nähe zur Bürgerin und zum Bürger wieder herzustellen. Es wurde für tragfähig befunden, neue „Versorgungsformen und Lastenverteilungen" mittels Innovationen und Wettbewerb auf dem Weg zu entwickeln.

Was hat es gebracht? Zu einer ersten Bilanz gehören:

- die Übertragung klassischer Managementkonzepte aus der Wirtschaft in die Soziale Arbeit: Personalwirtschaft, Organisationslehre, Finanz- und Rechnungswesen, Controlling, Marketing, Qualitätsmanagement usw.[19],

- die Beschreibung der Beziehung der Sozialarbeiterinnen und Sozialarbeiter zu den Klientinnen und Klienten mit betriebswirtschaftlichen Kategorien: Markt, Anbieter, Kundinnen und Kunden, Produzentinnen und Produzenten, Produkt, Dienstleistung usw.,

---

[19] Die Etablierung von Studiengängen „Sozialmanagement" seit Anfang der 1990er Jahre belegt ihre allgemeine Anerkennung.

- Erfolgsbeobachtung durch ökonomische Kennzahlen: Kosten, Effizienz, Produktivität, Output und
- die Praxis des Sozialdumpings.[20]

Die „Neue Steuerung" ist, so Martin Albert, jedoch insgesamt auf eine Kostenminimierung durch Nutzung von Mechanismen der „Freien Marktwirtschaft" ausgerichtet. Das Soziale wird buchstäblich auf den Markt getragen. Um die negativen Auswirkungen des Marktes wiederum so gering wie möglich zu halten, wurde die Einführung des Qualitätsmanagements für die Vergabe von Dienstleistungen zur Pflicht erhoben.

„In der Politik hat sich weitgehend ein ökonomisches Verständnis durchgesetzt, demzufolge der Markt in der Lage ist, eine effizientere und effektivere Leistungserstellung zu bewirken als eine staatliche Regulierung."[21] Ein freier Wettbewerb biete entscheidende Vorteile: erhöhte Effizienz, erhöhte Produktivität, erhöhte Flexibilität in der Leistungserbringung.

Die Organisationen der Sozialen Arbeit sehen sich gezwungen, ihre Dienstleistungen diesen neuen Wirkungsbedingungen anzupassen, sich dem Wettbewerb zu stellen, dem Markt zu öffnen. Welche Bedeutung kann die Ethik der Sozialen Arbeit, ihre moralischen Normen und Werte wie Würde und Gerechtigkeit als identitätsstiftende Bezugsgröße im freien Wettbewerb noch spielen? Wie steht der Markt zur Moral?

Karl Homann erklärt, dass die Akteure der Wirtschaft auf „Regelsysteme" stoßen können, die moralisches Handeln von Unternehmen mit so hohen Kosten belegen, dass es "unter Wettbewerbsbedingun-

---

[20] Udo Wilken: Faszination und Elend der Ökonomisierung des Sozialen. In: (Wilkens 2000). S. 12.
[21] (Albert 2006). S. 30.

gen nicht erwartet werden kann".[22] Er erinnerte in diesem Zusammenhang an die These des Nobelpreisträgers für Wirtschaftswissenschaften Milton Friedman: „Die soziale Verantwortung der Wirtschaft ist das Geschäft." Oder anders ausgedrückt: „Die soziale Verantwortung eines Unternehmens ist es, seinen Profit zu erhöhen."

Der ehemalige Geschäftsführer des Bundesverbandes deutscher Banken, Manfred Weber, bezog zum Thema Moral und Markt drei Grundpositionen:

- Marktwirtschaft und Demokratie bieten die beste Möglichkeit für Freiheit, Selbstbestimmung und solidarisches Miteinander,

- eine im Ausmaß überzogene, steuerfinanzierte Wohlfahrt führt zur schleichenden Verkümmerung der Tugend der Eigeninitiative,

- wirtschaftliches Handeln, ist ohne moralische Wertvorstellungen undenkbar, die Verantwortung dafür trägt aber jeder Unternehmer für sich ganz allein.[23]

Müssen wir uns also damit abfinden, dass Soziale Arbeit mit der Konjunktur, mit den Aktien, mit den Steuereinnahmen fällt oder aufsteht? Die Ethik der Sozialen Arbeit beinhaltet ihre Selbstbindung an Menschenwürde und Gemeinwohl, unabhängig von der wirtschaftlichen Konjunkturlage. Ethik verliert ihre soziale Funktion, die Reflexion von Moral wird allein geistvollen Seminaren überlassen, deren Gehalt zwar Bibliotheken, nicht aber das Leben füllt.[24] Die

---

[22] Karl Homann: Laudatio auf den Preisträger. In: Markt hat Moral. Beiträge zu einer Wirtschafts- und Werteordnung im 21. Jahrhundert. Hrsg. vom Institut der deutschen Wirtschaft. Köln 2001. S. 55.
[23] Ebenda. S. 52.
[24] Wolfgang Klug: Braucht die Soziale Arbeit eine Ethik? – Ethische Fragestel-

Märkte selbst sind es, die Normen und Werte in ihrem Geltungsanspruch relativieren. Wer den Wert von Pluralität und kultureller Vielfalt bejaht, der muss auch anerkennen, dass Ethik an Bedeutung gewinnt, weil moralische Entscheidungen schwieriger werden und sie zu treffen folgenreicher. Nur wer auf soziale Gerechtigkeit, Menschenwürde und auf das Recht auf Selbstbestimmung als Grundwerte verzichten will, kann Ethik für überflüssig erklären.

Das Integrationsproblem, also die Frage, wie Gesellschaften eigentlich zusammengehalten werden sollen, gewinnt an Bedeutung. Die Integrationskraft gemeinsamer Werte, das soziale Band der Moral ist unverzichtbarer denn je. Eine würdevolle Teilhabe aller Menschen am Sozialprodukt in Einheit mit einer individuellen Gestaltung eigener Lebensentwürfe ist der „Sozialkitt" jeder lebenswerten Gesellschaft. Damit sind die Aufgaben des Sozialstaates im Allgemeinen und die der Sozialen Arbeit im Besonderen angesprochen. Selbst wenn man den Konflikttheoretikern Georg Simmel und Ralf Dahrendorf folgen will, nach denen es Konflikte sind, die die Gesellschaft vorantreiben, bleibt es auch für sie unverzichtbar, moralische Normen der friedlichen und gerechten Konfliktregelung zur Geltung zu bringen. Sozialstaat und Soziale Arbeit kommen als Konfliktregelungsmodelle ins Spiel. Es ist so viel Moral auf dem Markt, wie die handelnden Akteure selbst bereit sind an moralischer Verantwortung zu übernehmen und dass sie diese nur soweit umzusetzen in der Lage sind, wie es der Wettbewerb überhaupt zulässt. In diesen Wettbewerb hat sich die Ethik der Sozialen Arbeit einzumischen.

Das Dilemma ist eindeutig: Der Staat definiert schrittweise seine soziale Verantwortung um und beteiligt die Bürgerinnen und Bürger zunehmend am Risiko gelingender Lebensgestaltung. Der

---

lungen als Beitrag zur Diskussion der Sozialarbeitswissenschaften im Kontext ökonomischer Herausforderungen. In: (Wilken 2000). S. 175.

Staat versteht sich nicht mehr als „Versorger", sondern als „Aktivator". Der neue Förderschwerpunkt ist klar umschrieben: Humankapital. Kapital ist aber nur dann Kapital, wenn es einen Mehr-Wert in Aussicht stellt. Das gilt für jede Form von Kapital. Individuen sehen sich ihrerseits in zunehmendem Maße mit ihrer neuen Rolle überfordert. Individualisierung der Lebenslagen, Destandardisierung von Statuspassagen und das risikoreiche Self-Made-Management erfordern einen Kompetenzzuwachs, der allein durch Aktivierungs- und Motivationsschübe nicht zu erreichen ist, er erfordert ein „Mehr" an individualisierten Bildungsressourcen. Und gerade der Zugang zu diesen Ressourcen scheint brüchiger zu werden. Ich möchte versuchen, dieses „Brüchigwerden" etwas näher zu skizzieren.

Die Förderung von Humankapital hat Eingang in die Soziale Arbeit gefunden: im Übergangsmanagement Schule – Arbeitswelt, in den Bildungsketten, bei der Gestaltung lokaler Bildungslandschaften, in Maßnahmen zur Erhöhung des Schulerfolgs, in Projekten zur Prävention von oder zur Intervention bei Schulverweigerung, in Schüler- und Jugendwerkstätten usw. Nach OECD-Definition bedeutet Humankapital: „Wissen, Qualifikation, Kompetenzen und sonstige Eigenschaften, die dem Einzelnen eigen sind und es ihm ermöglichen, persönliches, soziales und wirtschaftliches Wohlergehen zu erzeugen."[25]

Wenn sich insbesondere die Kinder- und Jugendhilfe der Aufgabe angenommen hat, Humankapital zu fördern, dann ist hier die entscheidende Frage, wie es ihr gelingt, in der Förderpraxis sozial benachteiligte und individuell beeinträchtigte Jugendliche bedarfsgerecht zu berücksichtigen. Meine persönliche Wahrnehmung ist

---

[25] Brain Kelley: Humankapital. Wie Wissen unser Leben bestimmt. Bonn 2010. S. 33.

die, dass in der Förderstrategie Netzwerkarbeit, Beratungsangebote und Kompetenzfeststellungsverfahren sowie passgenaue Vermittlungsarbeit favorisiert werden. Dahinter scheinen Angebote intensiver sozial- und werkpädagogisch ausgerichteter Lernsettings immer mehr zurückzutreten. Die Folge ist, dass nur die Jugendlichen eine Chance haben, für deren nicht erst zu bildendes sondern bereits vorhandenes Kompetenzspektrum ein „Nachfrager" gefunden werden kann. Hat aber die arbeitsweltbezogene Jugendsozialarbeit nicht die vorrangige Aufgabe Kompetenzentwicklung nachhaltig zu fördern und die dafür notwendigen Lern- und Erfahrungsräume bereitzustellen? Die Vermittlung eines realistischen und belastbaren Selbstwertgefühls, die Erziehung zur Arbeit in sinnstiftender Selbsttätigkeit, die Bildung hin zur Mündigkeit und die Befähigung zum emanzipatorischen Lebensentwurf gehören zu den originären Aufgaben der Kinder- und Jugendhilfe.

Sie wahrzunehmen wäre auch aus volkswirtschaftlicher Sicht sinnvoll, da ein steigender Mangel an Fachkräftenachwuchs den Traum nicht automatisch wahr werden lässt, dass alle Schulabgängerinnen und Schulabgänger, auch die ohne Abschluss, eine Ausbildung oder Qualifizierung finden. Eine betriebswirtschaftlich ausgerichtete Ökonomisierung der Sozialen Arbeit stößt hier klar an ihre Grenzen.

Mit dem Einstieg des aktivierenden Staats ins Netzwerkemanagement kann diese Grenze wohl nicht überschritten werden. Netzwerke werden als soziales Kapital ausgewiesen. In Form von Bindungsbeziehungen werden sie im Fallmanagement gefördert, als Brücken- und Kontaktbeziehungen stehen sie im Mittelpunkt der lokalen Bildungsnetzwerke. Akteurinnen und Akteure vor Ort werden aktiviert, Verantwortliche werden stärker in die Verantwortung genommen. Sicherlich lassen sich durch Netzwerke in der Sozialen Arbeit sehr positive Effekte erzielen: Bündelung und bedarfsgerechte Bereitstellung von Ressourcen, Gestaltung gelingender Übergange von einem Förderbaustein in den anderen, Zusammenführung von Akteuren unterschiedlicher Professionen, Abbau von auf Gegenseitigkeit beruhenden Vorurteilen von Akteuren aus der Sozialen Arbeit aus Politik und Wirtschaft. Netzwerke sollen aber auch dazu dienen Ressourcen zu bündeln, um Synergieeffekte zu erzielen. Ein sparsamer Umgang mit Ressourcen wird angestrebt, Planungen sollen ressortübergreifend stattfinden. Sieht man genauer auf den Begriff „Synergieeffekt", so erstaunt nicht, dass auch dieser aus der Wirtschaft stammt. Gemeint sind damit Nutzeffekte aus Zusammenschlüssen hinsichtlich der Einsparung von Verwaltung, Reduzierung von Gemeinkosten, Steigerung von Verkaufszahlen und die Erhöhung der Produktqualität. Aber auch Netzwerke sind dem Risiko einer zweckentfremdeten Instrumentalisierung ausgesetzt und bedürfen einer ethischen Reflexion. Wo bleiben im Netzwerkmanagement die sozial benachteiligten und individuell beeinträchtigten Kinder und Jugendlichen selbst?

Für die Kinder und Jugendlichen sind die Organisationen der Sozialen Arbeit zuständig, die im freien Wettbewerb, auf dem Markt des Sozialen ihre Daseinsberechtigung nachzuweisen haben. Wie wirkt sich das Risiko der ökonomischen Überformung ihrer Dienstleistungen aus?

Konkurrenzkampf, betriebswirtschaftliches Controlling, Qualitätsforderungen, technischer Fortschritt, demographische Entwicklungen, Wertewandel und Individualisierung sind gesellschaftliche Prozesse, die die Organisationen der Sozialen Arbeit zu einer hohen Dynamik ihres Wandelns geradezu zwingen. Auf dem Markt der Sozialen Arbeit sind langfristig gesehen nur noch „Lernende Organisationen" überlebensfähig. Im Organisationsverständnis der Sozialen Arbeit vollzieht sich ein Paradigmenwechsel von der stati-

schen zur dynamischen Organisation. Mit „Lernende Organisation"
ist weit mehr gemeint, als die Implementierung von betriebswirtschaftlichen Denk-, Planungs-, Kontroll- und Abrechnungsstruktu-
ren. Die gesamte Organisationskultur ist so zu (re)organisieren, dass
sie Mitarbeitermotivation, Kreativität, Innovation und Produktivität nicht nur in Kampagnen freisetzt, sondern in Kontinuität auf
einem hohen Level sicherstellt. Die Leitideen der neuen Organisationskultur lauten: Problemorientierung, Vertrauen, Anerkennung
und Wertschätzung, kooperative Führung und Selbstorganisation
der Struktureinheiten.

Die Ökonomisierung der Sozialen Arbeit zeigt gerade hier ihre am-
bivalente Wirkung. Einerseits verlangt sie eine Verschlankung der
Organisationsstrukturen, um Einsparungen zu erzielen, andererseits
verlangt sie Nachweise der Effektivität und Wirksamkeit der Dienstleistung, des Qualitätsmanagements und der Outputsteuerung, eine
lückenlose Dokumentation aller Kernprozesse und eine Bereitstellung aller Daten, jederzeit abrufbar für alle beteiligten Parteien. Es
zeugt nicht von Vertrauen in die Profession, wenn längst überholt
geglaubte Kontrollszenarien gefördert und durch die moderne Kom-
munikationstechnologie neu belebt werden. Die „Gläserne Fabrik"
wird zum Modell für die „Gläserne Organisation Sozialer Arbeit".
Ökonomisierung der Sozialen Arbeit heißt dann nicht nur Markt-
preise zu unterbieten, sondern auch vom dann noch verbleibenden
Budget einen zusätzlichen Teil von den Wertschöpfungsprozessen
weg, hin zur Bürokratie umzuverteilen. Im Fachdiskurs über die
Entwicklung des Qualitätsmanagements ist gar die Rede von einer
Re-Bürokratisierung der Sozialen Arbeit.[26]

---

[26] Lutz Galiläer: Pädagogische Qualität. Weinheim und München 2005. S. 121.

Was tun?

Dem Sozial(wirtschafts)management als neuer Teildisziplin der Sozialen Arbeit kommt eine Vermittlerrolle zwischen Kritikern und Befürwortern einer Ökonomisierung der Sozialen Arbeit zu. Ob sie dieser gerecht werden kann, scheint noch nicht entschieden. Die treibenden Motive für Managementkonzepte in der Sozialen Arbeit waren, so hebt Cornelia Bader hervor, keineswegs fachliche oder ethische Probleme, sondern gerade ökonomisch bedingte gesellschaftliche Entwicklungen und eine steigende Akzeptanz, soziale Probleme durch ökonomische Maßnahmen zu lösen.[27] Sie hält es dennoch für möglich, dass im Rahmen des Sozialmanagements eine ganzheitliche und sozialökologische Orientierung einerseits und eine zweckrationale, ressourcenoptimierende Sichtweise andererseits vermitteln lassen.[28]

Entscheidend für die Möglichkeit, das Risiko einer ökonomischen Überformung der Sozialen Arbeit zu bannen, wird es sein:

- wie viel Aufmerksamkeit dem Thema Ethik der Sozialen Arbeit in ihren Teildisziplinen, dem Sozial(wirtschafts)management, dem Qualitätsmanagement und dem Organisationsmanagement in Theorie und Praxis geschenkt werden wird,
- wie die Beweisführung gelingt, dass die Ökonomisierung der Sozialen Arbeit zwar aus der betriebswirtschaftlicher Perspektive durchaus einen Sinn macht, diesen aber aus volkswirtschaftlicher Sicht nicht in gleichem Maße geltend machen kann,
- wie viel an Profilgewinn die Soziale Arbeit für sich selbst aus der identitätskonformen Integration der oben genannten Managementstrategien schöpfen kann,

---

[27] Cornelia Bader: Sozialmanagement. Freiburg im Breisgau 1999. S. 19 ff.
[28] Ebenda. S. 40.

- wie groß der Widerstand sein wird, dem das Begehren nach Sozialdumping durch eine gemeinsame Interessenbekundung aus Kommunalpolitik, Regionalwirtschaft und der Sozialen Arbeit entgegengebracht werden kann und schließlich
- wie es der Sozialen Arbeit gelingt, wieder die politische Dimension ihrer anwaltschaftlichen Verantwortung gegenüber ihren Klientinnen und Klienten zurückzugewinnen, ohne dabei Fehler ihrer Politisierung in den 1960 und 1970er Jahre zu wiederholen.

Solidarische Inklusion aller Bürgerinnen und Bürger, gerechtigkeitsorientierte Kompensation sozialer Unterschiede, Empowerment und Emanzipation sind Säulen, auf denen der Sozialstaat beruht. Existenzsicherung und Teilhabe sind im modernen Sozialstaat untrennbar gekoppelt mit dem Gebot der Menschenwürde, und der Sicherung individueller Freiheitsrechte. Der sozialarbeiterische Wertschöpfungsprozess findet primär im direkten persönlichen Bezug zwischen den professionellen und den ehrenamtlich Tätigen einerseits und den Hilfe- und Fürsorge Suchenden andererseits statt. Dieser persönliche Bezug braucht Zeit, eine eindeutige Ausrichtung auf die Umsetzung von Fach- und Qualitätsstandards sowie die Möglichkeit der Achtung vor ethischen Normen und Werten. Das Risiko der ökonomischen Überformung der Sozialen Arbeit besteht darin, diese Bedingungen der sozialarbeiterischen Wertschöpfung so weit einzuschränken, dass die Identität der Sozialen Arbeit in Frage gestellt wird, damit aber auch – und dies scheint noch zu oft aus dem Blick zu geraten – ihre Funktion in unserer weit ausdifferenzierten Gesellschaft. Eine Koalition „für das Soziale" ist eine Koalition der Vernunft, in der der Wirtschaftsethik in Theorie und Praxis eine maßgebliche Rolle zuwächst. Ob sie diese Rolle annehmen wird, muss die Zukunft zeigen?

Der historische Wandel der Rolle von Menschen mit Behinderung in der Gesellschaft und der Beitrag der Sonderpädagogik dazu

Kerstin Popp, Leipzig

Die Forschungsgruppe „Philosophische Fragen der Natur- und Humanwissenschaften", die Rudolf Rochhausen viele Jahre leitete, beschäftigte sich auch immer wieder mit der Rolle des Menschen, insbesondere in der Medizin und Psychologie. Der Mensch als bio-psycho-soziale Einheit war ein festes Paradigma der Arbeit.

Menschen mit Beeinträchtigungen gehören zu unserem täglichen Leben. Dabei trägt der Begriff Beeinträchtigung schon etwas wie Makel, Nachteil in sich. Ab wann ist eine Verschiedenheit, ein Anderssein eine Beeinträchtigung und wie gehen wir damit um? Behindert uns eine Beeinträchtigung oder beeinträchtigt eine Behinderung? In das moderne Weltbild von der makellosen Gesellschaft mit ihren Schönheitsidealen scheinen sie nicht zu passen. Dabei sieht die reale Welt anders aus. Schauen wir uns daher einmal an, wie sich das Bild des Behinderten in den letzten Jahrhunderten gewandelt hat.

Bevor wir uns jedoch weiter mit der historisch veränderten Stellung von Menschen mit einer Beeinträchtigung oder Behinderung befassen, soll der Begriff kurz erläutert werden. Ohne jetzt auf die vielfältigen Begriffsumfänge einzugehen, soll an dieser Stelle nur auf Grundlegendes verwiesen werden. Die klassische Einteilung der WHO in Schädigung (impairment) – Beeinträchtigung (disability) – Behinderung (handicap) wird heute nur noch bedingt verwendet. Unter Schädigung werden dabei Mängel oder Abnormitäten der anatomischen, psychischen oder physiologischen Funktionen und

Strukturen des Körpers verstanden, während die Beeinträchtigung auf Funktionsbeeinträchtigungen oder -mängel verweist, die durch Schädigungen entstehen und den Alltag, Alltagssituationen behindern oder unmöglich machen. Die Behinderung sind dann die Nachteile, die einer Person aus einer Schädigung oder Beeinträchtigung entstehen.

Diese Fassung lag auch der 1980 von der WHO herausgegebenen Klassifikation ICIDH zugrunde, die 2001 durch die ICF (Funktionsfähigkeit – Behinderung – Gesundheit) ersetzt wurde. Weg vom medizinischen Modell, das Behinderung ausschließlich als individuelles Problem fasst, wurde eine bio-psycho-soziale Sichtweise angestrebt. Ausgehend von diesem bio-psycho-sozialen Ansatz wird Behinderung als Ergebnis des Zusammenwirkens mehrerer Komponenten: a) der Körperfunktionen und -strukturen, b) der Aktivität, c) der Teilhabe, d) von Umweltfaktoren und e) von personbezogenen Faktoren eines Menschen verstanden.

Der juristische Gebrauch des Begriffs der Behinderung, wie er z. B. dem SGB IX zugrunde liegt, lehnt sich nach wie vor an die klassische Definition an. Dort heißt es[1]:

> § 2 Behinderung
>
> (1) Menschen sind behindert, wenn ihre körperliche Funktion, geistige Fähigkeit oder seelische Gesundheit mit hoher Wahrscheinlichkeit länger als sechs Monate von dem für das Lebensalter typischen Zustand abweichen und daher ihre Teilhabe am Leben in der Gesellschaft beeinträchtigt ist. Sie sind von Behinderung bedroht, wenn die Beeinträchtigung zu erwarten ist.

---

[1] Sozialgesetzbuch, Neuntes Buch: Rehabilitation und Teilhabe behinderter Menschen. Siehe `http://www.gesetze-im-internet.de/bundesrecht/sgb_9/gesamt.pdf`

Der Grad der Beeinträchtigung ist dann versicherungstechnisch relevant.

Die erziehungswissenschaftliche Definition weicht insofern davon ab, dass hier Erscheinungsformen der Beeinträchtigung vereint werden, die sonst nur am Rande oder gar nicht erfasst werden:

> Als behindert im erziehungswissenschaftlichen Sinne gelten alle Kinder, Jugendlichen und Erwachsenen, die in ihrem Lernen, im sozialen Verhalten in der sprachlichen Kommunikation und in den psychomotorischen Fähigkeiten soweit beeinträchtigt sind, dass ihre Teilhabe am Leben der Gesellschaft wesentlich erschwert ist.[2]

So sind Lernbeeinträchtigungen und Verhaltensauffälligkeiten nicht immer im Fokus der Diskussion, wenn es um Menschen mit Behinderungen geht. Gerade sie sind es aber, die sowohl historisch als auch in der modernen Inklusionsdiskussion bemerkenswert sind.

Gehen wir also in die Vergangenheit zurück.

Seit Menschengedenken hat es sie gegeben: Menschen, die sich von anderen durch äußere Merkmale oder ihre Verhaltensweisen unterscheiden. Unterschiedlich ist man mit ihnen umgegangen. Sieht man davon ab, dass in den letzten fünfzig bis hundert Jahren auch die Überlebenschancen von Kindern mit Beeinträchtigungen dank des medizinischen Fortschritts enorm gestiegen sind, also eine bestimmte Gruppe von Menschen mit Beeinträchtigungen (wie z. B. an Mukoviszidose Erkrankte) sozusagen dazugekommen ist, gab es Menschen mit Behinderungen seit Jahrhunderten. In den Überlieferungen findet man vieles, was für die gesellschaftliche Teilhabe auch von Men-

---

[2] Deutscher Bildungsrat: Empfehlung der Bildungskommission „Zur pädagogischen Förderung behinderter und von Behinderung bedrohter Kinder und Jugendlicher". Bonn 1973. S. 32.

schen mit Beeinträchtigungen spricht. Altägyptische Grabstelen zeigen Menschen mit körperlichen Beeinträchtigungen als gleichgestellte Personen.

Belegt ist aber auch, dass die Unwissenheit über die Ursachen der entsprechenden Beeinträchtigungen zu vielen abergläubischen Deutungen führte. So fand Volker Haas[3] folgende Äußerungen aus dem alten sumerischen Reich von etwa 2000 v. u. Z.:

„Wenn in einer Stadt weibliche Lahme zahlreich sind, wird es jener Stadt, ihrem Innern, gut gehen. Wenn in einer Stadt

- Idioten zahlreich sind, wird es dem Innern der Stadt gut gehen;
- mit Warzen Behaftete zahlreich sind: Zerstörung der Stadt;
- Taube zahlreich sind, wird es dem Innern der Stadt gut gehen;
- Blinde zahlreich sind: Leid über die Stadt;
- Verkrüppelte zahlreich sind: Leid über die Stadt;
- Krüppel zahlreich sind: Zerstörung;
- Anormale zahlreich sind: Leid über [die Stadt];
- Bauarbeiter zahlreich sind, [...] der Stadt gut gehen;
- Schmiede zahlreich sind, wird Verderben im Lande entstehen;
- Frauen einen Bart tragen, wird Not das Land ergreifen.“

Auch erste Äußerungen, die davon zeugen, dass es Ausgrenzungen gab, mit denen man sich auseinandersetzt, findet man z. B. in den sogenannten Weisheitslehren von Amenemope[4]:

> Lache nicht über einen Blinden
> und verspotte nicht einen Zwerg!
> Erschwere nicht das Befinden eines Gelähmten.

---

[3] Haas, V. (Hrsg.): Außenseiter und Randgruppen. Beiträge zu einer Sozialgeschichte des Alten Orients. Konstanzer Althistorische Vorträge und Forschungen, Heft 32. Universitätsverlag Konstanz, 1992. S. 38 ff.

[4] Siehe `http://www.disability-history.de` oder `http://www.trisomie21.de/lh_fuerth.html#I.3.`.

Verspotte nicht einen Mann,
der in der Hand Gottes [geistig behindert] ist ...

Besonders ökonomische Gründe, die Möglichkeit (k)eines Beitrages
für den Erhalt der Gemeinschaft, werden dafür ins Feld geführt,
wenn es um die Selektion behinderter Säuglinge im alten Sparta
geht (die „Gerusia", die Versammlung der Ältesten, die die Einhal-
tung der Lykurgischen Gesetze zu überwachen hatte, entschied über
das Überleben eines Säuglings – ein äußerlich gesunder Säugling
überlebte, der kranke, schwächliche oder Missbildungen aufweisen-
de, wurde auf den Berg Taygetos gebracht und in eine tiefe Schlucht
geworfen – ca. 1000 v. u. Z.). Auch im alten Athen wurden missge-
bildete Säuglinge getötet (600 v. u. Z.).

Auch im Mittelalter gab noch sehr viel Unwissenheit über Behinderungen und deren Verursachung. Menschen mit einer Körperbehin-
derung standen in der Rangfolge an oberster Stelle, was jedoch
nichts anderes bedeutete, als dass sie straflos betteln durften. Dies
zeugt jedoch auch davon, dass Menschen mit Beeinträchtigungen
zum Überleben auf die Hilfe anderer angewiesen waren. Je weniger Menschen mit Beeinträchtigungen es gab, desto mehr konnte
das Dorf, die Stadt dafür aufkommen. Insbesondere Kriege führten
dazu, dass sich die Anzahl der Mitzuversorgenden bei gleichzeiti-
ger allgemeiner Verelendung vergrößerte, das Mitversorgen immer
schwieriger wurde und zum Teil auch unterblieb. Das Zur-Schau-
Stellen der Behinderung, um Almosen zu erhalten, hat sich auf den
europäischen Jahrmärkten bis zum Ende des 19. Jahrhunderts gehalten.

Missbildungen, aber auch Erkrankungen wie die Epilepsie riefen den
Aberglauben hervor, indem darin angebliches Teufelswerk gesehen
wurde, was nicht nur zur Ausgrenzung, sondern häufig auch zur
Tötung führte.

Behinderungen waren häufig aber auch Folge der Strafjustiz. Strafen wurden hauptsächlich als Körperstrafen verhängt, die neben den unterschiedlichen Möglichkeiten der Tötung, auch das Blenden, Zungeabschneiden, Handabhacken u. ä. vorsahen.

Überliefert ist aus den Tischreden Martin Luthers, dass er Menschen mit einer geistigen Behinderung nicht als vollwertige Menschen ansah (vgl. dazu die Polemik von Petersen[5]).

Betrachtet man die weitere Stellung behinderter Menschen in der Gesellschaft, so sind zwei Dinge auffällig:

a. Die Frage nach der Stellung von Menschen mit Beeinträchtigungen stellte sich immer dann wieder neu und verstärkt, wenn die sozioökonomischen Bedingungen am schlechtesten waren, sich verschlechterten. Dies betrifft insbesondere die Zeiten nach Kriegen, wo die jeweiligen sozialen Netzwerke, z. B. die Dorfgemeinschaften, nicht mehr in der Lage waren, die entsprechenden Armen der Ärmsten mitzutragen. Sie führten in der Regel zu neuen Systemen der Sozialabsicherung, in denen es insbesondere um eine Neuzuteilung sozialer Zuwendung ging, aber auch zu neuen Ausgrenzungen von Menschen mit Beeinträchtigungen.

b. Spätestens mit der Aufklärung wurde deutlich, dass ohne Bildung auch für Nichtprivilegierte keine Veränderungen der sozioökonomischen Bedingungen möglich waren.

Bereits J. A. Comenius bemerkte dazu: „Nicht nur die Kinder der Reichen und Vornehmen sollen zum Schulbesuch angehalten werden, sondern alle in gleicher Weise, Adlige und Nichtadlige, Reiche und Arme, Knaben und Mädchen aus allen Städten, Flecken, Dörfern

---

[5] Petersen, N.: Geistig behinderte Menschen im Gefüge von Gesellschaft, Diakonie und Kirche. LIT Verlag, Münster 2003. S. 58 ff.

und Gehöften."[6] Diese Möglichkeit der Bildung schloss in der Regel Kinder mit Behinderungen per se aus. Für sie mussten weitere Jahrhunderte vergehen, ehe für sie ein regulärer Schulbesuch möglich war, geschaffen wurde.

In der Literatur wird für 1770 auf die erste Schule für Kinder mit einer Behinderung hingewiesen. Es handelt sich um eine Schule für taubstumme Kinder, die der Abbé de l'Epée in Paris gründete. Grundidee war es, dass auch nichthörende Kinder bildungsfähig sind, es aber notwendig ist, andere Wege zu finden, ihnen Bildungsinhalte nahezubringen. Bereits fast hundert Jahre früher hatten jedoch August Herrmann Francke (1692) bzw. zeitgleich Christian Gotthilf Salzmann (1784) bereits erkannt, dass die Bildung ein wichtiges Instrument zur Verbesserung der Lebenslage sei[7]. Die von ihnen unterrichteten Kinder des sogenannten dritten Standes wären später wohl als verhaltensauffällige Kinder beschrieben worden, die Waisenkinder Franckes in Halle/Glaucha als Straßenkinder etikettiert.

„Die Geschichte der Heilerziehung begann sowohl mit den historischen Kräften des Bürgertums als auch gegen sie. Die Emanzipation des dritten Standes war der Entstehung der ersten Institute im Grundsatz förderlich, in Einzelfragen hinderlich. Die Entstehung der Heilerziehung lässt sich nicht gegen die klaren Zeugnisse der

---

[6] Comenius, J. A.: Große Didaktik – die vollständige Kunst, alle Menschen alles zu lehren (Hrsg. A. Flitner). Verlag Klett-Cotta, Stuttgart 1985. S. 55 ff.

[7] „... erwegend, daß dem Christlichen und gemeinen Wesen ein sehr grosser Schade daraus entstehe, ... daß so viele Kinder, wegen der Armuth ihrer Eltern, weder zur Schulen gehalten werden, noch sonst einiger guten Aufferziehung geniessen, sondern in der schändlichsten Unwissenheit, und in aller Boßheit auffwachsen, daß sie bey zunehmenden Jahren zu nichts zu gebrauchen seyn, und daher sich auff stehlen, rauben und andere böse Thaten begeben." (Menck, P.: August Herrmann Francke und seine Schulen. In: Schulen machen Geschichte. Verlag Francksche Stiftungen, Halle/S. 1997. S. 23)

ersten auf diesem Gebiet tätigen Heilerzieher aus den politischen
Verhältnissen der Aufklärungszeit und aus dem damals herrschen-
den Anschauungen deduzieren."[8]

Pädagogen trugen dazu bei, dass Kindern mit Beeinträchtigungen
Bildung zugänglich wurde. Gleichzeitig war dies für diese Kinder
ein wesentlicher Schritt zur Teilhabe am gesellschaftlichen Leben.
Der Taubstummenanstalt des Abbé de l'Epée in Paris folgte eine ähnliche durch Samuel Heinicke 1778 in Deutschland. V. Haüy
eröffnete 1784 in Paris die erste Schule für blinde Kinder. Immer
häufiger wurden spezielle Schulen für spezielle Kinder gegründet.

„Durch die Heilpädagogik sind der Pädagogik neue Arten von Insti-
tutionen und Tausende von einzelnen Einrichtungen zugewachsen,
die nicht nur die Wirklichkeit behinderter Kinder, sondern die Schullandschaft veränderten. Sie gaben den bis dahin stummen Anklagen
gegenüber einem Schulsystem, das sie ausschloss, einen Ausdruck.
Der nicht mehr überhört und übersehen werden konnte. Nun waren
Schulen für behinderte Kinder da und damit alle behinderte Kinder
als potentielle Schülerinnen und Schüler öffentlich anerkannt."[9]

Anliegen der Sonderpädagogen, der Sonderpädagogik war es immer
gewesen, Kindern mit Beeinträchtigungen Bildung zugänglich zu
machen, sie durch eine spezielle Vermittlung am Lernprozess teil-
haben zu lassen und sie so auf ein selbstbestimmtes Leben vorzu-
bereiten. Gesellschaftliche Wirklichkeit sah leider häufig anders aus,
die Vermittlung von Bildungsinhalten war und ist aber die einzige
Chance entsprechende Rechte einzuklagen.

Leider ist die Entwicklung des Sonderschulwesens, der Sonderpädagogik nicht nur von diesem Gedanken geprägt worden. Spätestens

---

[8] Möckel, A.: Geschichte der Heilpädagogik. Verlag Klett-Cotta, Stuttgart 2007.
S. 19.
[9] (Möckel 2007), S. 24.

mit der Gründung der Hilfsschulen 1863 durch Stötzner in Deutschland wurde mittels eines Sonderschultyps versucht, das Regelsystem Schule von schwierigen Kindern zu entlasten. Jener Gedanke der Eingliederung in die Gesellschaft durch Teilhabe an Bildung wurde in sein Gegenteil verkehrt und Kinder aus dem System der Bildungsvermittlung herausgenommen.

„Das schon in der Leipziger Debatte zutage getretene Interesse der Mehrheit der Volksschullehrer an der Einrichtung einer Hilfsinstitution, an die sie ihre schwierigen Schüler ‚abgeben‘ konnten, wurde öffentlich auf der 27. Allgemeinen Deutschen Lehrerversammlung in Gotha von 1887, wo Heinrich Kielhorn Thesen zur Gründung von ‚Schulen für schwachbefähigte Kinder‘ vortrug."[10]

Leider war es in den Anfängen mehr die Reduzierung der Bildungsinhalte als die Suche nach neuen Vermittlungsformen, wie sie heute im Mittelpunkt stehen sollte, die diesen neuen Schultyp kennzeichnete. Dies machte es auch möglich, dass maßgebliche Vertreter des Hilfsschullehrerverbandes zu Wegbereitern der Euthanasie in der Zeit des Nationalsozialismus wurden (Lesemann, Stamm, Tornow).

Im Gegensatz dazu zeichnet sich Sonderpädagogik seit ihren Anfängen dadurch aus, dass sie nach neuen Methoden der Unterrichtung sucht, neue didaktische und methodische Möglichkeiten eröffnet und nicht zuletzt dadurch viele Anregungen der Reformpädagogik aufnimmt.

„Die Entstehung heilpädagogischer Einrichtungen spiegelt daher einen wichtigen, allgemeinen Aspekt der Erziehung wider. Sie sind Varianten pädagogischer Methoden und größter pädagogischer Schwierigkeiten, die Einsichten in Erziehungsvorgänge verschaffen."[11]

---

[10] Ellger-Rüttger, S.: Geschichte der Sonderpädagogik. Reinhardt Verlag, München Basel 2008. S. 154.

[11] (Möckel 2007), S. 26.

Arno Fuchs zeigte in den 20er Jahren in Berlin, dass es durchaus möglich ist, auch schwierige Kinder, Kinder mit Verhaltensauffälligkeiten nur für einen begrenzten Zeitraum aus dem normalen Klassenverband zu nehmen. Seine E-Klassen waren temporäre Einrichtungen, in denen die Schüler in Kleingruppen nicht länger als zwei Jahre eine Förderung erfuhren, die sie befähigen sollte, wieder im regulären Klassenverband am Unterricht teilzunehmen.

Spätestens in den 50er und 60er Jahredes letzten Jahrhunderts wandelte sich die Stellung von Menschen mit Beeinträchtigungen durch die Erstarkung der Integrationsbewegung und die Gründung von Betroffenenorganisationen. Insbesondere im Umgang mit Menschen mit einer geistigen Behinderung wurde das Normalitätsprinzip diskutiert, das einen normalen Lebensablauf auch für Menschen mit Beeinträchtigungen fordert: einen normalen Tagesrhythmus, einen normalen Wochenrhythmus, einen normalen Lebensablauf. Zu diesem gehört nicht zuletzt auch eine normale Schulbildung. Gerade die sich immer mehr ausdifferenzierende Schullandschaft schien dem entgegenzustehen. Elternbewegungen fordert vermehrt die gemeinsame Beschulung von Kindern und Jugendlichen mit und ohne Behinderung. Die erste entsprechende Empfehlung wurde vom Deutschen Bildungsrat 1973 herausgegeben.

Auch auf Territorium der DDR wurde über die Einbeziehung von Menschen mit einer Behinderung in der Fachpresse diskutiert. Ausgehend von der Marxschen These, dass der Mensch eben „nicht nur ein geselliges Tier ist, sondern ein Tier, das nur in der Gesellschaft sich vereinzeln kann"[12], wurde diese Vereinzelung, die Möglichkeit der Selbstverwirklichung diskutiert[13]. Durchaus akzeptiert wurde

---

[12] Marx, K.: Einleitung zur Kritik der Politischen Ökonomie. MEW 13, S. 116.
[13] Vgl. u. a. Dietl, H.-M.: Das Bedürfnis nach Selbstverwirklichung – eine wichtige Triebkraft für die Entwicklung der Menschen im Sozialismus. In Straasz, G. (Hrsg.): Medizin und menschliche Individualität. Medizin und Gesellschaft, Bd.

die Möglichkeit der Selbstverwirklichung auch außerhalb der Pro-
duktionsprozesse[14]. Im Umgang mit Menschen mit einer Behinderung führte dies aber zu durchaus widersprüchlichen Sachverhalten.
Eine streng geregelte Sonderbeschulung beschränkte die Integration auf den außerschulischen Bereich. Gleichzeitig wurde über ein
engmaschiges System der Früherkennung und Frühförderung und
der späteren Eingliederung ins Berufsleben vielen Kindern und Jugendlichen eine Teilhabe und Selbstverwirklichung ermöglicht. Vor
diesem Hintergrund stellt sich der Umgang mit Menschen mit einer
geistigen Behinderung aber vollkommen anders dar.

Bezugnehmend auf die bereits erwähnte WHO-Definition führte die
Unterteilung in Geschädigte und Behinderte zu folgender Konsequenz. Zu den Geschädigten wurden alle Körper- und Sinnesge-
schädigten, chronisch Kranke und psychisch und intellektuell Geschädigte gezählt. Die Mehrzahl von ihnen ist in der Lage, durch die
Kompensation der Schädigung sich zu rehabilitieren. Dabei wurde
unter Rehabilitation „die Gesamtheit der medizinischen, pädagogischen, sozialen und ökonomischen Maßnahmen, die auf die Einbeziehung des Geschädigten in das Leben der sozialistischen Gesellschaft
abzielen"[15] verstanden.

---

29. Verlag Volk und Gesundheit, Berlin 1986.

[14] „Ein Mensch kann beispielweise schlecht arbeiten ... Er kann aber sein
Bedürfnis nach Selbstverwirklichung in einem Bereich außerhalb der Arbeit
und mit einer Tätigkeit kompensieren, er kann beispielsweise Sport treiben,
künstlerisch tätig sein oder seine Rolle als Familienoberhaupt ausüben." Michai-
low, M.M.: Das Bedürfnis der Persönlichkeit nach Selbstverwirklichung. In:
SW/GW 1983, Heft 2. S. 249.

[15] Körner, U.; Löther, R.; Thom, A.: Sozialistischer Humanismus und geschä-
digtes Leben. In: Presber, W.; Löther, R.: Sozialistischer Humanismus und Be-
treuung Geschädigter. Medizin und Gesellschaft, Bd. 14. Fischer-Verlag, Jena
1981. S. 15.

Dies implizierte eigentlich eine aktive Teilnahme am gesellschaftlichen Leben: „Der Geschädigte ist für die sozialistische Gesellschaft kein passives Objekt von Mitleid und Wohltätigkeit, sondern ein Mensch, dessen Würde zu respektieren und dessen Persönlichkeit zu entwickeln ist."[16]

Die Diskussion um den Menschen als bio-psycho-soziales Wesen begründete die Suche nach umfänglicher und frühzeitiger Rehabilitation und Teilhabe. Gerade dies war aber auch Grundlage, begründete jene Einschränkung der Sonderbeschulung, für die das DDR-Bildungswesen gescholten wird: „Ein Ohnhänder ist in dieser Welt, in der alles auf das Greifen und das Begreifen eingerichtet ist, schwer geschädigt ... Aber der Ohnhänder kann es sehen, kann hören, kann die Welt und das Leben geistig begreifen."[17]

Diese Kompensationsfunktion wird den Menschen mit einer psychischen Behinderung abgesprochen. „Von den psychisch Geschädigten aber haben viele die Fähigkeit verloren oder gar nicht erst erworben, soziale Beziehungen zu knüpfen und aufrechtzuerhalten."[18] Entsprechend wurden Kinder mit einer geistigen Behinderung als nicht bildungsfähig eingestuft. Nur in Einrichtungen außerhalb der Volksbildung (Einrichtungen des Gesundheitswesens und kirchlichen Einrichtungen) war eine Förderung möglich, was für viele bedeutete, dass sie in den Elternhäusern ohne Förderung verblieben.

Gemäß des bundesdeutschen Bildungssystems wurden ab 1990 Schulen für Kinder mit einer geistigen Behinderung auch im Osten geschaffen. Gleichzeitig wurden viele Einrichtungen der Frühförderung geschlossen, System der Früherfassung zerschlagen, die sich bewährt

---

[16] (Körner, Löther, Thom 1981), S. 14.
[17] Späte, H. F.: Rehabilitation psychisch Geschädigter. In: Wissenschaft und Fortschritt 31/1981. Akademieverlag, Berlin 1981. S. 6.
[18] Ebenda.

hatten. Auch die berufliche Rehabilitation wurde gesamtdeutsch neu gegliedert, was nicht immer nur zu einer Verbesserung der beruflichen Situation der entsprechenden Personengruppen führte.

2009 ratifizierte auch Deutschland die UN-Konvention über die Rechte von Behinderten, die die UNO-Generalversammlung 2006 verabschiedet hatte. Diese Resolution, die vollständige Teilhabe aller Menschen, auch Menschen mit einer Beeinträchtigung in allen gesellschaftlichen Bereichen manifestiert, wird in Deutschland häufig nur auf das Bildungsrecht reduziert. Im Artikel 3 der genannten Resolution[19] heißt es:

„Die Grundsätze dieses Übereinkommens sind:

a) die Achtung der dem Menschen innewohnenden Würde, seiner individuellen Autonomie, einschließlich der Freiheit, eigene Entscheidungen zu treffen, sowie seiner Unabhängigkeit;

b) die Nichtdiskriminierung;

c) die volle und wirksame Teilhabe an der Gesellschaft und Einbeziehung in die Gesellschaft;

d) die Achtung vor der Unterschiedlichkeit von Menschen mit Behinderungen und die Akzeptanz dieser Menschen als Teil der menschlichen Vielfalt und der Menschheit;

e) die Chancengleichheit;

f) die Zugänglichkeit;

g) die Gleichberechtigung von Mann und Frau;

h) die Achtung vor den sich entwickelnden Fähigkeiten von Kindern mit Behinderungen und die Achtung ihres Rechts auf Wahrung ihrer Identität.

---

[19] Gesetz zu dem Übereinkommen der Vereinten Nationen vom 13. Dezember 2006 über die Rechte von Menschen mit Behinderungen sowie zu dem Fakultativprotokoll vom 13. Dezember 2006 zum Übereinkommen der Vereinten Nationen über die Rechte von Menschen mit Behinderungen vom 21. Dezember 2008. In: Bundesgesetzblatt Jg. 2008 Teil II Nr. 35. S. 1424.

Es gibt noch viele Bereiche, in denen Menschen mit Beeinträchtigung um Gleichberechtigung, um Teilhabe kämpfen
müssen. Bereits die Übersetzung der Resolution erhitzte die
Gemüter. Während das englische Wort „inclusion" bei unseren
österreichischen Nachbarn mit Inklusion übersetzt wurde, heißt es in
der deutschen Ausgabe „Integration". Dies ist mehr als eine Spitzfin-
digkeit. Während Integration die Einbeziehung von Anderen, Ausgeschlossenen bedeutet, impliziert Inklusion die gleichberechtigte Teilhabe von Anfang an.

Auch den Sonderschulen wird in diesem Zusammenhang vorgewor-
fen, dass sie ein System der Aussonderung seien, was sicher formal
richtig ist. Gemeinsames Lernen aller Kinder ist nicht nur ethisch,
sondern auch pädagogisch sinnvoll. Was aber will Sonderpädagogik?
Sonderpädagogen haben sich über Jahrhunderte dafür eingesetzt,
dass Kinder mit Beeinträchtigung ein Maximum an Bildung zugänglich wird, um ihnen die Teilhabe an der Gesellschaft zu ermöglichen.
Die in diesen Einrichtungen entwickelten Methoden sind auch im
Regelschulbereich einsetzbar.

Häufig wird, wenn über inklusive Bildung diskutiert wird, nur der
erste Teil des Artikels 24 zitiert[20]:

Artikel 24 Bildung

(1) Die Vertragsstaaten anerkennen das Recht von Menschen mit
    Behinderungen auf Bildung. Um dieses Recht ohne Diskrimi-
    nierung und auf der Grundlage der Chancengleichheit zu ver-
    wirklichen, gewährleisten die Vertragsstaaten ein integratives
    Bildungssystem auf allen Ebenen und lebenslanges Lernen ...

(2) Bei der Verwirklichung dieses Rechts stellen die Vertragsstaa-
    ten sicher, dass

---

[20] Ebenda. S. 1436.

a) Menschen mit Behinderungen nicht aufgrund von Behinderung vom allgemeinen Bildungssystem ausgeschlossen werden und dass Kinder mit Behinderungen nicht aufgrund von Behinderung vom unentgeltlichen und obligatorischen Grundschulunterricht oder vom Besuch weiterführender Schulen ausgeschlossen werden; ...

Diese Teilhabe ist aber nicht damit erreicht, dass wir Kinder mit Beeinträchtigungen in die entsprechenden Regelschulen inkludieren und dabei vergessen, dass sie spezielle Hilfen brauchen. Denn im Weiteren heißt es auch

d) Menschen mit Behinderungen innerhalb des allgemeinen Bildungssystems die notwendige Unterstützung geleistet wird, um ihre erfolgreiche Bildung zu erleichtern;

e) in Übereinstimmung mit dem Ziel der vollständigen Integration wirksame individuell angepasste Unterstützungsmaßnahmen in einem Umfeld, das die bestmögliche schulische und soziale Entwicklung gestattet, angeboten werden.

(3) Die Vertragsstaaten ermöglichen Menschen mit Behinderungen, lebenspraktische Fertigkeiten und soziale Kompetenzen zu erwerben, um ihre volle und gleichberechtigte Teilhabe an der Bildung und als Mitglieder der Gemeinschaft zu erleichtern. Zu diesem Zweck ergreifen die Vertragsstaaten geeignete Maßnahmen; unter anderem

a) erleichtern sie das Erlernen von Brailleschrift, alternativer Schrift, ergänzenden und alternativen Formen, Mitteln und Formaten der Kommunikation, den Erwerb von

Orientierungs- und Mobilitätsfertigkeiten sowie die Unterstützung durch andere Menschen mit Behinderungen und das Mentoring;

b) erleichtern sie das Erlernen der Gebärdensprache und die Förderung der sprachlichen Identität der Gehörlosen;

c) stellen sie sicher, dass blinden, gehörlosen oder taubblinden Menschen, insbesondere Kindern, Bildung in den Sprachen und Kommunikationsformen und mit den Kommunikationsmitteln, die für den Einzelnen am besten geeignet sind, sowie in einem Umfeld vermittelt wird, das die bestmögliche schulische und soziale Entwicklung gestattet.

Auch Kinder mit einer Lernbeeinträchtigung oder mit Störungen in der emotionalen und sozialen Entwicklung brauchen Hilfestellungen, Förderung, die aber durchaus auch in der Regelschule erfolgen kann. Die derzeitige Diskussion um Inklusion im Schulsystem verkennt häufig:

a. Kinder mit Beeinträchtigungen sind nicht nur Kinder mit körperlichen und Sinneseinschränkungen sowie mit einer geistigen Behinderung, im Bildungsbereich gehören auch Kinder mit Lernbeeinträchtigungen oder mit Störungen in der emotionalen und sozialen Entwicklung dazu;

b. alle Kinder brauchen eine individuelle Förderung und nicht nur Kinder mit Beeinträchtigungen;

c. diese individuelle Förderung ist nur möglich, wenn sich Schule generell verändert;

d. eine veränderte Schule zur individuellen Förderung aller Kinder erfordert nicht nur ein Umdenken der Sonderpädagoginnen, sondern und vor allem ein Umdenken der Regelschullehrerinnen und Bildungspolitiker.

Dies umzusetzen ist aber auch eine ökonomische Frage. Es geht nicht um die Einsparung von Sonderschulen und Sonderschullehrerinnen, sondern Inklusion hat auch ihren Preis. Dazu gehört nicht nur eine bauliche Veränderung von einigen Schulen (Barrierefreiheit), sondern auch kleinere Klassen, konsequentes Zweilehrerprinzip und die Möglichkeit von Fortbildungen. All dies sind Maßnahmen, die dann wiederum allen Kindern zugutekommen.

Es wird sich zeigen, wie viel der Gesellschaft die Bildung unserer, aller Kinder wert ist.

Anmerkungen zu Problemen eines marxistischen Menschenbildes

Siegfried Bönisch und Horst Pickert, Leipzig

Im Folgenden möchten wir auf einige gewichtige Aspekte aufmerksam machen, die zu beachten sind, wenn ein marxistisches Menschenbild skizziert werden soll, das in den massiven theoretischen und politischen Diskussionen – namentlich der Gegenwart – orientierend sein kann. Im gegebenen Zusammenhang lassen sich nicht annähernd alle jene wesentlichen Resultate marxistischen Philosophierens aufführen, die zum Thema „Mensch" erbracht worden sind. Der Ausdruck „Anmerkungen zu Problemen" ist daher unserem Anliegen angemessen und hinreichend dafür, unseren Standpunkt zu kennzeichnen.[1] Zu seiner Darstellung wählen wir hier sprachlich die Form von Fragen. Zu folgenden vier Fragen wollen wir Stellung nehmen:

1. Ist die Frage nach dem Menschen die grundlegende und zentrale Frage der Philosophie?
2. Sind ontologische Überlegungen notwendig, wenn über den Menschen philosophierend nachgedacht wird?
3. Welche Einsichten legt die Marxsche Bestimmung des *menschlichen Wesens* als *Ensemble der gesellschaftlichen Verhältnisse* nahe?

---

[1] H. Pickert: Das angemessene Fragen nach dem Menschsein. Das Menschenbild der Philosophischen Anthropologie und der Existenzphilosophie im Vergleich Books on Demand, Nochterstedt 2012. Auf 344 Seiten entfaltet der Autor in Auseinandersetzung mit einflussreichen Auffassungen zum Menschenbild vom Standpunkt eines kritischen Marxisten in systematischer Weise die angemessenen Fragen zur Klärung dieser philosophischen Grundsatzproblematik.

4. Welche Stellung nehmen wir ein, wenn die Natur-Kultur-Beziehung des Menschen untersucht wird?

Zu 1. Der Mensch ist sich selbst der Nächste. Das ist nicht in dem vordergründigen Sinne des Egoismus gemeint, denn wir könnten auch sagen: Die Menschen sind sich selbst die Nächsten. Kann das nun zwingend heißen, das Philosophieren müsse mit der Frage nach dem Menschen anfangen? Einen solchen Schluss zieht die Philosophische Anthropologie. Für die marxistische Philosophie ist ein derartiger Schluss unangemessen. Einer Lösung für dieses Problem kämen wir aber auch nicht näher, wollten wir nur ein anderes Prinzip, etwa Materie oder Natur, zum Ausgangs-, Mittel- oder Zielpunkt wählen. So zu denken, würde der Philosophie den Charakter einer metaphysischen Ontologie verleihen – ein Wesensgepräge, das unserer Philosophie nicht zukommt. In welcher Richtung ist demzufolge eine Lösung zu suchen? Um eine Antwort zu skizzieren, können wir uns von Hegels Diktum aus der Vorrede zur „Phänomenologie des Geistes" leiten lassen: „Das Wahre ist das Ganze"[2]. Mit anderen Worten: Es ist der materielle und geistige Lebensprozess, der sich als die Auflösung des Geheimnisses der anvisierten Totalität enthüllt. Seine adäquate Erfassung ist das Grundanliegen des Dialektischen Materialismus. Er impliziert und ermöglicht den unverstellten Zugang zur weltanschaulichen Bewältigung solcher Themen wie Mensch, Natur, Geschichte etc. Der hier angedeutete Standpunkt entspricht dem subjektphilosophischen Charakter marxistischen Denkens. Schließlich sind die gesellschaftlichen Verhältnisse hinsichtlich ihres Zustandekommens Resultat subjektiven Handelns der Menschen. Sie bilden wiederum das Determinationsgefüge weitergehender geschichtlicher Aktionen.

---

[2] G. W. F. Hegel: Phänomenologie des Geistes. Vorrede. Werke Bd. 3. Frankfurt/M. 1979. S. 24.

Zu 2. In unserer Studentenzeit haben wir uns u.a. folgenden Witz erzählt: „Ein Mann sagt: ‚Ich möchte eine Krähe sein, dann könnte ich fliegen'. Darauf sagt ein Zweiter: ‚Ich möchte gern zwei Krähen sein, dann könnte ich hinter mir herfliegen'. Ein Dritter schließlich entgegnete: ‚Ich möchte drei Krähen sein, dann könnte ich sehen, wie ich hinter mir herfliege' ". Dieser Witz offenbart einen tieferen philosophischen Sinn, denn er bringt auf seine Weise das Phänomen der menschlichen Subjektivität und Selbstreflexivität zum Ausdruck. Auf welche Weise, so unser Problem, lässt eine solche Einsicht sich mit der Aussage, dass der Mensch ein Lebewesen ist, zur Deckung bringen. Die Lösung ist offensichtlich in jener Richtung zu suchen, dass man daran festhält, dass der Mensch zwar ein Lebewesen, aber eben nicht nur ein Lebewesen ist.

Man mag zu Martin Heideggers Aussage in: „Sein und Zeit" stehen wie man will, wenn er schreibt: „Seinsverständnis ist selbst eine Seinsbestimmtheit des Daseins."[3], so hat er etwas sehr Richtiges gesagt. Anders formuliert: Es verhält sich nicht so, dass das Menschsein von außen her erkannt wird. In der Formulierung „Erkenntnis des Menschen" bedeutet der Genitiv sowohl einen genitivus objektivus als auch einen genitivus subiectivus. Im dialektischen Verständnis sind Subjekt und Objekt dasselbe.

Hieraus folgt, dass die Überzeugung gerechtfertigt ist, fehl zu gehen, wenn man in einem ontologischen Sinne das Menschsein auf den ontischen Status der Vorhandenheit festlegen wollte. Damit wir richtig verstanden werden: Mit derartigen Aussagen wird beileibe nicht bestritten, dass der Mensch nun einmal vorhanden sein müsse, um überhaupt in der Welt da zu sein. Dies ist vielmehr die conditio sine qua non. Aber, und darauf kommt es an, lässt sich die Seinsart des

---

[3] M. Heidegger: Sein und Zeit. 18. Auflage. Tübingen. Max Niemeier Verlag 2001. S. 12.

Menschen nicht auf den Begriff bringen, wollte man versuchen, dies mit Strukturen zu bewerkstelligen, die – ontologisch gesehen – von der ontischen Seinsart des Vorhandenen abgezogen sind.

Zu 3. Auf den ersten Blick hin scheint die Frage nach dem Wesen des Menschen in einem marxistischen Sinne geklärt zu sein. Mit der Berufung auf die „Thesen über Feuerbach", namentlich auf die Sechste, in der Marx feststellt, dass „das menschlich Wesen ... kein dem einzelnen Individuum innewohnendes Abstraktum (ist)", sondern „in seiner Wirklichkeit ... es das Ensemble der gesellschaftlichen Verhältnisse (ist)"[4], wird gelegentlich so getan, als erschöpfe diese konzentrierte Bestimmung die Frage nach dem Wesen des Menschen. Wir meinen, dass diese Frage damit keineswegs beantwortet ist, vielmehr bedarf es, um mit Hegel zu sprechen, der Anstrengung des Begriffs, dieser Frage auf den Grund zu kommen. Ein erstes Problem liegt nahe, wenn bestimmt werden soll, in welcher Beziehung denn die Individuen einerseits und die gesellschaftlichen Verhältnisse andererseits zueinander stehen. Es ist Lucien Seve sicher zuzustimmen, wenn er unterstreicht, dass ontologisch gesehen Individuum und Verhältnisse nicht dasselbe sind. Ist aus dieser Feststellung aber zu schließen, dass Individuen und Verhältnisse quasi gleichgültig nebeneinander bestehen? Keinesfalls. Verhielte es sich so, wären die gesellschaftlichen Verhältnisse schlechterdings nicht das menschliche Wesen. Unsere These lautet daher, dass die gesellschaftlichen Verhältnisse sowohl außerhalb als auch innerhalb der Individuen bestehen. Die Produktivkräfte manifestieren sich in einem bestimmten Grad von Fähigkeiten, Fertigkeiten, Kenntnissen usw., die Produktionsverhältnisse hingegen in Bedürfnissen, Interessen und den ideologischen Formen, in denen sie Ausdruck finden. In der Terminologie

---

[4] K. Marx: Thesen über Feuerbach. MEW Bd. 3, Dietz Verlag Berlin 1959. S. 6.

der Kulturtheorie zu sprechen, findet eine Transformation von subjektiver Kultur in objektive und umgekehrt statt. Diese Verhältnisse sind vor dem Hintergrund der Dialektik von Vergegenständlichung und Aneignung zu denken. Diese bisher vorgetragenen Überlegungen führen uns zu der Einsicht, dass nicht das Individuum, sondern die Person das empirische Dasein des Menschen darstellt. Diese Einsicht hat grundlegende Bedeutung für die Darstellung eines marxistischen Menschenbildes. Der Begriff Person widerspiegelt für uns die dialektische Einheit von Individuum und menschlichem Wesen. Die Person ist, mit Hegel gesprochen, das Wahre, weil sie das Ganze ist. Das Individuum hingegen ist die biopsychische Einheit in einem Einzelnen, nur ein Abstraktes, wenn von seiner Verbindung mit dem menschlichen Wesen abgesehen wird. Die Person und nicht das Individuum ist die biopsychosoziale Einheit des Menschen[5].

Den hier skizzierten Standpunkt teilt offenbar u. a. auch D. Kamper, wenn er in Analogie zu Heideggers „ontisch-ontologischer Differenz von Seiendem und Sein" eine „anthropologische Differenz", die zwischen Individuum und Person besteht, postuliert[6].

Zu 4. Der Mensch ist als Lebewesen ein Naturwesen. Aber er ist auch ein Kulturwesen. Nun ist Kultur per definitionem das Gegenteil von Natur. Dies recht bedacht, ist der Mensch – so frappierend es auch klingen mag – sowohl ein Naturwesen als auch keines.

Der Mensch ist nicht zur Hälfte ein Naturwesen und zur anderen Hälfte ein Kulturwesen. Durch seine Tätigkeit vollzieht er vielmehr die Vermittlung seiner Natur und seiner Kultur und hat zu dieser Vermittlung wiederum ein Verhältnis.

---

[5] H.-P. Brenner: Marxistische Persönlichkeitstheorie und die „biopsychosoziale Einheit Mensch" Studie zur Entwicklung des Menschenbildes in der DDR. Pahl-Rugenstein Verlag 2002.

[6] D. Kamper: Geschichte und menschliche Natur. Die Tragweite gegenwärtiger Anthropologiekritik. Carl Hanser Verlag, München 1973. S. 150–173.

Der Mensch ist das einzige Lebe- bzw. Naturwesen, das zugleich ein Kulturwesen ist, ohne aufzuhören, ein Naturwesen zu sein. Der Ursprung dieses Phänomens ist unserer Meinung nach in der Spezifik der physiopsychischen Konstitution des Menschen zu suchen. An dieser Stelle ist es angebracht, an die nicht unumstrittene These von der „Unspezialisiertheit" zu erinnern.

Wir haben, was die gedankliche Nachzeichnung des Kultur-Natur-Verhältnisses des Menschen anbelangt, den Schritt von der Natur zur Kultur unternommen. Dies ist, wenn man so will, die ontische Seite des Problems. Fragt man hingegen, auf welche Weise die Natur des Menschen demselben erschlossen ist, so kehrt sich – in einem ontologischen Sinne gedacht – die Blickrichtung um. Man wird gewahr, dass sich in den wissenschaftlichen und künstlerischen Reflexionen über die Natur des Menschen auch Standpunkte Geltung verschaffen, die ihren Ursprung in der Kultur des Menschen besitzen. So ist es auch das Personensein, das den eigentlichen gedanklichen Zugang zum Individuum gewährt.

Arbeiterklasse und Intelligenz. Unabgegoltenes im „Sozialismus des 20. Jahrhunderts"

Hans-Gert Gräbe, Leipzig

In den „Chemnitzer Thesen"[1] heißt es in *These 1* über die Etappe kapitalistischer Entwicklung, die mit dem Untergang des realsozialistischen Gesellschaftsentwurfs des 20. Jahrhunderts endete: „Dieses Scheitern war auch ein Scheitern des Versuchs, den Geist zu beschwören und zugleich den kritischen Geist zu bannen." Dieser Spagat war an vielen Stellen mit Händen zu greifen und die Marxistische Abendschule, von deren Leipziger Absolventen einige politischer Indoktrination Unverdächtige den Namen Rudolf Rochhausen auch heute noch mit Respekt aussprechen, sicher kein Nebenschauplatz jener „Auseinandersetzungen". Es mag an dieser Stelle dahingestellt bleiben, ob ein derartig militanter Terminus mit einem respektvollen Umgang mit kritischen Geistern überhaupt vereinbar ist, denn *praktisch* ließ sich auf ihm ein *fruchtbares Gespräch* in einer Marxistischen Abendschule auch zu jenen Zeiten nicht gründen.

Der Rohrbacher Kreis

Die Geschichte der Marxistischen Abendschule der Leipziger akademischen Einrichtungen in Rohrbach (Thüringen) müssen andere schreiben, denn ich kann allein aus der Retrospektive meiner Arbeit

---

[1] H.-G. Gräbe: Wissen und Bildung in der modernen Gesellschaft (Chemnitzer Thesen). Thesen zur 5. Rosa-Luxemburg-Konferenz in Sachsen, 3.–5. Juni 2005, Chemnitz. In: Utopie kreativ 194 (2006). S. 1109–1120. Alle Texte auch auf meiner Webseite http://hg-graebe.de/EigeneTexte.

im Rohrbacher Kreis urteilen, zu dem ich im Jahr 2000 in einer Zeit erster heftiger Krise[2] durch intensive Vermittlung von Kurt Reiprich hinzustieß und dort auf eine bereits etablierte und so bisher nicht erlebte Arbeitsatmosphäre intensiven interdisziplinären Gedankenaustauschs zwischen Natur- und Geisteswissenschaftlern traf. Mit Blick auf die bekannten Rahmenbedingungen[3] Marxistischer Abendschulen sowie die wissenschaftliche Vita von Rudolf Rochhausen lässt sich allerdings grob erahnen, wie diese Rahmen bereits zu DDR-Zeiten ausgereizt wurden und auf welcher Tradition und Basis der am 29. Oktober 1992 in Leipzig unter wesentlicher Beteiligung von Rudolf Rochhausen gegründete *Rohrbacher Kreis* seine Arbeit aufnahm. So heißt es denn auch in der Selbstdarstellung

> Vorstellung, Interpretation und Anwendung moderner natur-, technik- und geisteswissenschaftlicher Konzepte, Theorien und Methoden stehen im Mittelpunkt der Tätigkeit des Arbeitskreises ... Von Beginn an standen dabei wissenschaftliche, wirtschaftliche und soziale Probleme der Globalisierung im Mittelpunkt der Aufmerksamkeit. Besondere Bedeutung für die Gestaltung der Arbeit des Rohrbacher Kreises hatte der Diskurs zwischen Natur- und Technikwissenschaftlern einerseits und Geisteswissenschaftlern andererseits.[4]

---

[2] Nach einer größeren Kraftanstrengung für die Rohrbacher Manuskripte, Heft 4 (1999) waren die Materialien der 5. und 6. Dahlener Tagungen nicht publiziert worden.

[3] „Von der Universität Jena 1967 angeregt, fanden für die Professoren und Hochschuldozenten aller Fachdisziplinen Marxistisch-Leninistische Abendschulen (MLA) statt. Sie stellten das Partei-Lehrjahr für Parteilose und Angehörige der anderen Blockparteien dar. Die MLA fanden entweder monatlich oder zusammengefasst als Klausur-Wochen mit ganztägigen Veranstaltungen statt. ..." Quelle: `http://de.wikipedia.org/wiki/Institut_fuer_Marxismus-Leninismus_(Hochschulen_der_DDR)` am 07.04.2012.

[4] Quelle: `http://rohrbacher-kreis.de`.

Die Sprachlosigkeit einer politischen Führung gerade auch gegenüber ihrer naturwissenschaftlich-technischen Intelligenz ist sicher kein Alleinstellungsmerkmal realsozialistischer Politik. Allerdings gehört es zum Unabgegoltenen im Sozialismus des 20. Jahrhunderts, sich diesem problematischen Erbe zu stellen. Nicht erst „Lafontaines Linke" geht auch in diesem Punkt gegenüber dem in den Jahren nach 1990 Erreichten einen klaren Schritt zurück und hin zum „normalen" Politikbetrieb – die Aufkündigung der Unterstützung der Arbeit des Rohrbacher Kreises im Januar 2012 ist da nur ein weiterer Mosaikstein.

Unabgegoltene Potenziale im Realsozialismus

MINT und die Linke soll allerdings hier nicht mein Thema sein, da ich mich dazu bereits mehrfach[5] zu Wort gemeldet habe. Ich möchte vielmehr ein paar Gedanken zum historischen Erbe des ambivalenten Verhältnisses von *Arbeiterklasse* und *Intelligenz* zusammentragen, die sich angesichts zweier jüngst erschienener Biografien[6] geradezu aufdrängen und durch weitere Erzählungen und Erfahrungen aus der Generation meiner Eltern Bestätigung finden. Dass es sich hierbei

---

[5] H.-G. Gräbe: Wissenschaftspolitik – ein blinder Fleck der Linken(dot). In: Technologiepolitik und kritische Vernunft. Wie geht die Linke mit den neuen Technologien um? Diskussionsangebote des Gesprächskreises *Philosophie und Bildung* der Rosa-Luxemburg-Stiftung. Reinhard Mocek (Hrsg.). Reihe Manuskripte der RLS, Bd. 79. Dietz Verlag, Berlin 2008. S. 43–55. – H.-G. Gräbe: MINT und die Linke. Vortrag im *Kollegium Wissenschaft* Berlin am 07. 09. 2011. – H.-G. Gräbe: Wie der kleine Philosoph die Welt veränderte. Eine Variation auf die 11. Feuerbachthese. In: MINT – Zukunft schaffen. Innovation und Arbeit in der modernen Gesellschaft. Leipziger Beiträge zur Informatik, Band 32 (2012). S. 109–125.

[6] Rainer Thiel: Neugier – Liebe – Revolution. Mein Leben 1930–2010. Verlag Am Park, Berlin 2010. – Cornelius Weiss: Risse in der Zeit. Ein Leben zwischen West und Ost. Rowohlt Verlag, Hamburg 2012.

um einen widersprüchlichen, aber keinesfalls singulären, allein aus ostdeutschen Besonderheiten heraus zu erklärenden Prozess handelt, legen etwa Bulgakows Erzählungen über die ersten zehn Jahre Sowjetmacht nahe.

Beide Biografien markieren den Startpunkt sozialistischer Entwicklung am Ende der 40er und in den 50er Jahren (nicht nur) im Osten Deutschlands deutlich: Mit den Erfahrungen einer fürchterlichen Krieges im Gepäck – bei allen Unterschieden der Biografien ist ein unbändiges „Nie wieder Krieg" eine Konstante in vielen Lebenslinien jener Generation – machen sich junge Menschen an das Wiederaufbauwerk und bestimmen die Entwicklungsdynamik wenigstens der ersten 15 Jahre. Der Hunger nach Bildung ist groß, mit dem System der ABF öffnen sich Bildungswege auch für „bildungsferne Schichten", wie man das heute bezeichnen würde.

Der Weg „von der Arbeiterklasse zur Intelligenz" ist dabei für viele vorgezeichnet, so auch für meine eigenen Eltern – vom Maurer zum Bauingenieur, von der Chemielaborantin zur Ingenieur-Chemikerin –, selbst wenn dies für die beiden Biografien von der Papierform her nicht gilt – Thiel kommt aus dem Milieu kleiner Gewerbetreibender, Weiss aus einem „bildungsbürgerlichen" Elternhaus. Eine Antwort auf die Frage, ob diese zu DDR-Zeiten wohlfeilen Unterscheidungen – klare Grenzen zwischen Arbeiterklasse, kleinen Gewerbetreibenden und der (technischen) Intelligenz – in einer modernen Gesellschaft überhaupt noch tragfähig sind oder nicht schon Teil eines Generalverdachts, mag an dieser Stelle offen bleiben.

Spannend in beiden Biografien auch das, bei allen Differenzen im Detail, wohlwollende Verhältnis zu den grundlegenden Zielen dieses neuen Staats – keineswegs eine Selbstverständlichkeit in jenen Zeiten (DDR Juni 1953, Ungarn und Polen 1956, Harich-Janka-Prozess 1958), in denen andere, gerade auch aus der alteingesessenen naturwissenschaftlich-technischen Intelligenz ihre Zelte im Osten endgültig abbrachen. So 1958 etwa Erich Kähler und Ernst Hölder am Mathematischen Institut der Leipziger Universität[7], wo nun jüngere Leute das Ruder übernehmen mussten und übernahmen. Ähnliches berichtet Weiss über seinen Doktorvater Wilhelm Treibs.

Die Kulmination dieser Prozesse im August 1961 wird auch heute noch gern unter dem Aspekt einer sich zuspitzenden Systemkonfrontation gefasst. Eine solche Konfrontation hat es sicherlich gegeben, allerdings ist es zu wohlfeil, die stalinistischen[8] *inneren* Disziplinierungsmechanismen unter dem Deckmantel allgegenwärtig erforderlicher „rrrevolutionärer Wachsamkeit" der Gegenseite mit auf jene Rechnung zu setzen.

Deutlich wird in den autobiografischen Beschreibungen, dass kreativer Geist mit Problemen jeder Art fertig zu werden und dabei wenig „orthodoxe" Lösungen zu finden vermag, dies jedoch in einer vertrauensvollen Atmosphäre des Miteinander zu wesentlich tragfähigeren Ergebnissen führt als in einer Atmosphäre des Misstrauens. Der Versuch, den Geist zu beschwören, endet spätestens dort, wo ein im Namen der „Arbeiterklasse" aufgebautes System kleinteiliger Bevormundung eine geistige Elite zügelt, die zu großen Teilen selbst vor nur einer oder zwei Generationen aus der Arbeiterklasse hervorgegangen ist. Ist die Niederlage in der Systemkonfrontation also hausgemacht? Was wäre möglich gewesen, wenn *diesen* Leuten mehr Vertrauen entgegengebracht worden wäre?

---

[7] Siehe *100 Jahre Mathematisches Seminar der Karl-Marx-Universität*. Hrsg. H. Beckert, H. Schumann. Deutscher Verlag der Wissenschaften, Berlin 1981. S. 278.

[8] Stalinismus verstehe ich dabei nicht als historisches, sondern als strukturelles Phänomen der Linken. Siehe dazu einige weitere Überlegungen unter `http://www.leipzig-netz.de/index.php5/WAK.2008-12-17`.

Auch aus dieser Perspektive hat sich nach meinem Verständnis die These von der „Diktatur des Proletariats" in ihrer realsozialistischen Lesart erledigt.

Was sind die Alternativen?